Épicuriens et stoïciens : La quête d'une vie réussie

Collection « Sagesses d'hier et d'aujourd'hui »
L'histoire de la pensée écrite et racontée par Luc Ferry

Crédits couverture :
Photo Luc Ferry : © Rémy Cortin.
Raphaël, *L'École d'Athènes*, 1508, détail : à gauche, Épicure et Zénon de Citium, © akg-images/Érich Lessing.

Projet développé par :
Le Figaro et *Le Point*.

ISBN : 978-2-8105-0526-5 (collection)
ISBN : 978-2-8105-0529-6 (volume 3)

Épicuriens et stoïciens :
La quête d'une vie réussie

par Luc Ferry

COLLECTION

SAGESSES D'HIER
ET D'AUJOURD'HUI

Aujourd'hui, je vais vous raconter les aspects les plus fondamentaux de la philosophie stoïcienne puis, dans un deuxième temps, je vous parlerai aussi des épicuriens, à vrai dire d'Épicure lui-même et de son plus grand disciple, Lucrèce, un poète latin d'une profondeur fascinante.

Mais d'abord, d'où vient le mot « stoïcien » ? Comme j'ai déjà eu l'occasion de vous le dire à propos de Platon et d'Aristote, dans l'Athènes du IVe siècle avant J.-C., les noms des écoles philosophiques étaient la plupart du temps liés au lieu dans lequel l'enseignement se tenait : l'« Académie » de Platon est ainsi nommée parce qu'elle se situe à côté du sanctuaire d'un héros grec, Academos. Le « Lycée » d'Aristote se tenait lui aussi à côté d'un sanctuaire, devenu un lieu de promenade dans l'Athènes du IVe siècle, le sanctuaire d'Apollon de Lycos : c'est de là que vient le nom de son école, le « Lycée ». De manière analogue, le mot « stoïcien » vient tout simplement du grec *stoa*, qui signifie « arcade » ou « portique ». Le père fondateur de l'école stoïcienne, Zénon de Citium (à ne pas confondre avec un autre Zénon, Zénon d'Élée, connu pour ses paradoxes sophistiques), avait installé son école sous des portiques à l'ombre desquels il donnait ses cours. Il s'agit donc, là encore, d'une simple allusion au lieu dans lequel l'enseignement se déroulait.

« La pensée stoïcienne se voulait universelle, puisqu'elle s'adressait aussi bien à un ministre comme Sénèque qu'à un esclave comme Épictète ou un empereur comme Marc Aurèle. Elle veut toucher l'humanité entière, traversant classes sociales et frontières. »

Quelques clés pour comprendre : les trois âges de l'école stoïcienne

Le stoïcisme ancien

Quelques mots, très brefs, sur l'histoire du stoïcisme. L'histoire de l'école stoïcienne s'étend sur trois grandes périodes. Il y a d'abord ce qu'on appelle le « stoïcisme ancien », qui prend son essor au IVe siècle avant J.-C., essentiellement représenté par trois auteurs dont, malheureusement, les œuvres sont presque intégralement perdues. Le père fondateur est Zénon, auquel succèdent Cléanthe, puis Chrysippe, troisième directeur de l'école, à Athènes.

Nous ne connaissons guère leur pensée que par ceux qu'on nomme les « doxographes », c'est-à-dire par ces érudits qui rapportaient les opinions des philosophes (« doxographe » signifie étymologiquement : « qui écrit les opinions »), notamment grâce à Diogène Laërce, un auteur du IIIe siècle après J.-C. Cicéron (Ier siècle avant J.-C.) est aussi une de nos sources pour nous faire une idée de ce premier stoïcisme que, pour l'essentiel, donc, nous ne connaissons que par des textes de deuxième main.

Le moyen stoïcisme

La deuxième période stoïcienne, ce qu'on appelle le « moyen stoïcisme », est représentée par des penseurs eux aussi fort mal connus de nos jours : Diogène le Babylonien, Antipater de Tarse, Panaïtios de Rhodes…

Le stoïcisme impérial

Heureusement, nous avons accès à une troisième période de l'école stoïcienne, celle qu'on désigne sous l'expression de « stoïcisme impérial » – « impérial », parce qu'il se développe dans l'Empire romain, pour l'essentiel à Rome. Il abonde en auteurs fort connus, qui ont laissé des œuvres nombreuses, si bien qu'on peut véritablement se faire une idée précise et fiable de leur message philosophique. Le premier d'entre eux est évidemment Sénèque, qui vécut au Ier siècle après J.-C. Il a été le précepteur, puis le ministre du terrifiant Néron. Il a écrit quantité d'œuvres. Ceux qui ont fait du latin au lycée se souviendront d'avoir traduit les *Lettres à Lucilius*, dont je vous parlerai plus loin.

Un autre philosophe majeur du stoïcisme impérial est un esclave grec, Épictète, qui a vécu entre le Ier et le IIe siècle après J.-C. Ses œuvres nous sont bien connues, essentiellement les *Entretiens* et le *Manuel*, grâce à certains de ses élèves, en particulier Arrien, qui a retranscrit ses cours. Il est l'auteur du premier manuel de toute l'histoire de la philosophie. Pourquoi ce mot, « manuel » ?

Parce que, selon les disciples d'Épictète, pour vivre avec la pensée du maître, pour séjourner en permanence dans la méditation stoïcienne, il fallait toujours avoir ses pensées « sous la main », comme un soldat, disait-on, doit avoir son poignard ou son épée à portée de main. Marc Aurèle, troisième grande figure du stoïcisme impérial, est peut-être le plus célèbre d'entre tous. Empereur de Rome au IIe siècle après J.-C., il a écrit de nombreux ouvrages, notamment les *Pensées pour moi-même*, sur lesquelles je reviendrai aussi.

La diversité linguistique, sociale et culturelle de ces auteurs illustre déjà par elle-même une idée chère aux stoïciens, à savoir que la pensée stoïcienne vaut pour tout le monde : aussi bien pour un ministre comme Sénèque que pour un esclave comme Épictète ou un empereur comme Marc Aurèle. C'est dire qu'elle est universelle : elle s'adresse à l'humanité entière et traverse classes sociales et frontières.

Les trois grands axes de la philosophie grecque

Pour présenter la pensée stoïcienne, qui est, vous allez le voir, sinon en tout point convaincante, du moins souvent passionnante, je reprendrai la tripartition fondamentale qui traverse toutes les grandes philosophies, depuis Platon et Aristote jusqu'à Nietzsche et Heidegger.

Cette tripartition distingue d'abord une partie théorique : c'est la connaissance du monde qui nous entoure. Pour les Grecs, c'est la connaissance de la nature, du cosmos. Nous reviendrons sur l'étymologie du mot *théôria*, mais soulignons d'abord, pour reprendre une métaphore qui m'est chère, que cette partie théorique est la connaissance du terrain de jeu, au sens où ce monde qui nous entoure, cet ordre cosmique dans lequel nous sommes plongés, constitue pour ainsi dire le terrain de jeu sur lequel va se dérouler l'existence humaine. Il s'agit de savoir si ce terrain de jeu est favorable ou pas, s'il est harmonieux ou chaotique, s'il est beau, connaissable, rationnel ou pas, etc. Voilà le type de questions que se posent les philosophes grecs, et notamment les stoïciens.

Le deuxième grand axe de la philosophie n'est plus théorique mais pratique : c'est l'éthique ou la morale. Pour continuer à filer cette métaphore, il ne s'agit plus de connaître le terrain de jeu, mais de comprendre les règles du jeu de l'existence humaine. Ce n'est pas un petit jeu parmi d'autres, c'est LE jeu de la vie humaine.

La troisième partie, enfin, pourrait être appelée la « sotériologie », c'est-à-dire, étymologiquement, la doctrine du Salut, la doctrine de la sagesse et de la vie bonne. Qu'est-ce qu'une vie bonne ? Qu'est-ce qu'une vie réussie ? Qu'est-ce que la sagesse ? Quelle est la finalité de l'existence ? Voilà les interrogations qui nourrissent la réflexion sur le but du jeu, sur le sens de la vie ou, pour mieux dire peut-être, sur le sens *dans* la vie : que cherchons-nous ? Quel est le but de cette quête de la sagesse, de cette *philosophia* ? Bien évidemment, c'est la vie bonne, le souverain bien ou la vie bienheureuse, mais comment se définit-elle ? C'est la grande question de la philosophie antique, et par excellence celle des stoïciens.

I. Les principes de la *théôria* stoïcienne

Tels sont donc les trois grands axes : *théôria*, c'est-à-dire contemplation ou connaissance du monde comme terrain de jeu de l'existence ; *morale ou éthique* – je ne ferai pas de différence entre les deux termes : l'un vient du latin et l'autre du grec, mais il n'y a aucune raison a priori de les distinguer – ; et *sotériologie, doctrine du Salut* ou de la sagesse, laquelle couronne, en quelque sorte, cet édifice philosophique.

Théôria : « voir le divin »

Arrêtons-nous un instant à l'étymologie du mot *théôria* – en tout cas à l'une des étymologies, qui est probablement juste, même si ce n'est pas absolument certain, mais qui possède à tout le moins l'avantage d'être attestée dans la philosophie grecque. Étymologiquement, *théôria* viendrait du verbe *orao*, qui signifie simplement « je vois », et de *théos*, qui désigne « le divin ». La théorie consisterait donc à voir le divin, elle résiderait dans la contemplation du divin. Cela peut sembler a priori paradoxal, d'autant que je vous ai dit, depuis le début de ces leçons, que la philosophie, à la différence des religions, était une doctrine du Salut *sans dieu*, une réflexion sur la vie bonne qui ne passe ni par la foi ni par un Être suprême, donc une spiritualité laïque ou une doctrine laïque de la sagesse. Or, n'a-t-on pas ici, au cœur même du mot *théôria*, affaire à quelque chose de religieux, à savoir la contemplation du divin ? N'y a-t-il pas là une contradiction ou, à tout le moins, un paradoxe ?

Théôria, *theôrein* – « je vois le divin » : quel sens cela a-t-il d'une manière générale dans la philosophie grecque, et en particulier pour les stoïciens ?

L'idée, en vérité, est tout à fait laïque : elle n'est pas religieuse, en tout cas pas au sens des grandes religions monothéistes. La *théôria* stoïcienne, comme chez Platon ou Aristote, c'est en vérité la connaissance du monde, la contemplation de l'ordre cosmique. Elle repose tout entière sur l'idée que le monde qui nous entoure, le cosmos, comme l'appellent les stoïciens, est semblable – ou pour le moins analogue – à un gigantesque organisme vivant. Il est magnifique, harmonieux, ordonné, mille fois mieux organisé que toutes les machines humaines, même les plus perfectionnées. Il est semblable à ce qu'un médecin, un biologiste, un scientifique qui s'intéresse au vivant, va découvrir lorsqu'il ouvre le ventre d'un lapin, d'une souris ou d'une grenouille : un organisme (un système organisé) merveilleusement bien fait. Tout est en place : non seulement le système lui-même, formidablement agencé, chaque organe étant parfaitement à sa place à l'intérieur de cette belle totalité qu'est l'organisme : le cœur, les poumons, les yeux, la rate, tout est bien placé ; mais, en outre, chaque élément de cette belle harmonie est en lui-même une sorte de perfection : rien de mieux fait qu'un œil pour voir, que le système sanguin pour irriguer les muscles, que les poumons pour respirer, etc.

Les Grecs, et notamment les stoïciens, pensaient que le monde était semblable à un gros organisme vivant. Dans le jargon philosophique, on appelle cette vision du monde un « hylozoïsme » (en grec, *hylé*, c'est la matière, et *zôon*, c'est l'animal – comme dans le mot « zoo »), ce mot désignant une vision du monde selon laquelle la matière qui nous entoure, la nature, pour parler simplement, l'univers tout entier est comme un « gros animal ». Il s'agit d'une forme d'animisme, puisque l'ordre cosmique, l'univers matériel, comparé par les stoïciens à un gigantesque être vivant, est doté d'une âme. Il est « animé », merveilleusement bien fait, harmonieux, juste, beau – et, c'est très important, bon.

Lever le voile sur l'ordre cosmique

Quel rapport avec l'idée de divinité ? En quoi la connaissance de ce gros organisme vivant qu'est le cosmos a-t-elle quelque chose à voir avec l'idée de *théôria*, de « voir le divin » ?

Ce qui domine la *théôria* stoïcienne, cette connaissance du monde – qui va mobiliser aussi les sciences qu'on dirait aujourd'hui « positives » : la physique, la biologie, l'astronomie, les mathématiques, etc. –, c'est l'idée que cet ordre harmonieux, juste, beau et bon, est bel et bien divin, non pas au sens d'un dieu transcendant et créateur du monde, comme dans les grandes religions, mais au sens plus modeste où cette perfection qui nous entoure de toute part *n'a pas été créée par les humains*. Nous, les humains, nous n'avons nullement fabriqué le cosmos, la nature qui nous entoure, nous ne l'inventons pas, nous la découvrons. Les mots ont un sens : « découvrir », ce n'est pas inventer ; découvrir, c'est lever le voile. Voilà l'activité intellectuelle par excellence : lever le voile sur un ordre du monde qui nous préexiste et qui va, à mesure que nous le connaîtrons, nous apparaître comme de plus en plus harmonieux, de plus en plus « divin ». Où l'on voit qu'ici le divin n'est nullement un dieu personnel, mais l'ordre du monde lui-même avec la perfection duquel il se confond.

Voilà pourquoi, dans la philosophie stoïcienne, trois mots grecs (qui sont assez compréhensibles en français) vont être considérés comme équivalents : le *cosmos*, le *theion* – c'est-à-dire le divin – et le *logos* : le *logos* n'est pas simplement le langage. Le terme renvoie aussi à l'idée d'ordre logique, rationnel. Toute la philosophie théorique des stoïciens va être dominée par l'idée que l'ordre cosmique tout entier est à la fois divin et « logique », rationnel. Divin, parce que la perfection qui le caractérise n'est pas créée, produite par les humains (encore une fois, les humains la découvrent, ils ne l'inventent pas ; ils en sont une petite partie, ils n'en sont pas les auteurs) ; mais aussi logique ou rationnel, parce que la *théôria*, par exemple l'astronomie, va montrer que cet ordre du monde est agencé selon l'ordre des causes et des raisons. *Logos*, *cosmos*, *theion* sont donc trois mots qui se renvoient les uns aux autres et qui sont pratiquement équivalents dans cette partie théorique de la philosophie stoïcienne.

Voir le divin (théorie), c'est voir la perfection du monde, du cosmos.

Marc Aurèle, dans ses *Pensées*, nous invite à réfléchir au fait que, évidemment, si on regarde de trop près, si l'on a l'œil rivé à la vitre, on ne voit pas la beauté, la logique et la divinité de l'ordre cosmique. Mais, dès qu'on prend un peu de champ – voilà l'activité théorique par excellence –, dès qu'on regarde les choses d'un peu loin et que l'on prend une distance qui est celle de la réflexion et de l'intelligence, on s'aperçoit que cet ensemble cosmique est merveilleusement harmonieux.

Écoutons Marc Aurèle :

> La peau du front du lion, l'écume qui s'échappe de la gueule des sangliers, et beaucoup d'autres choses, si on les envisage isolément, sont loin d'être belles, et pourtant, par le fait qu'elles accompagnent les œuvres de la nature, elles contribuent à les embellir et deviennent attrayantes. Aussi, un homme qui aurait le sentiment et l'intelligence profonde de tout ce qui se passe dans le Tout, ne trouverait pour ainsi dire presque rien, même en ce qui arrive par voie de conséquence, qui ne comporte un certain charme particulier. [...] Même chez une vieille femme et chez un vieillard, il pourra, avec ses yeux de philosophe, apercevoir une certaine vigueur, une beauté tempestive, tout comme aussi, chez les enfants, le charme attirant de l'amour [1] [**1**].

Pour le sage, même la bave du sanglier ou la vieillesse sont belles, parce qu'elles font partie d'un ordre qui est magnifiquement agencé, et c'est ça qu'il s'agit de comprendre par la théorie, par la connaissance, voire, comme je vous l'ai dit, par le biais de toutes les sciences disponibles à l'époque : l'astronomie, la biologie, la physique, les mathématiques et la logique. Les grands philosophes de l'Antiquité se voulaient, en effet, de bons scientifiques. Mais, loin de se borner à une science particulière, ils tentaient, à l'aide de toutes les connaissances disponibles, de se faire une image *globale* du monde, c'est-à-dire, pour revenir à notre métaphore, une image globale du terrain de jeu de l'existence humaine.

---

1. Marc Aurèle, *Pensées pour moi-même* [1964], trad. Mario Meunier, GF-Flammarion, 1992, p. 48.

II. De la *théôria* à l'éthique : la connaissance, fondement de la philosophie morale

Pourquoi une image globale ? Pourquoi ne pas se limiter, comme le font les savants d'aujourd'hui, à une science positive particulière comme la biologie ou la physique, par exemple ? Réponse : parce que, dans la perspective qui est celle de la philosophie antique, il s'agit de préparer par la *théôria* (la connaissance de l'univers) le deuxième niveau de la philosophie : celui de l'éthique, de la philosophie morale.

Comment cela se met-il en place ? Pour l'essentiel, la morale stoïcienne – et cela vaut pour la plupart des grands penseurs grecs, comme nous l'avons vu déjà avec Homère et Hésiode – va nous inviter à trouver notre place dans l'ordre cosmique, notre lieu naturel bien à nous au sein du grand tout de l'univers. De même qu'un organe doit être à sa place dans un organisme pour que le tout fonctionne harmonieusement et soit en bonne santé, il faut que chaque être humain soit à sa place dans l'ordre du monde – d'où le fait que le péché majeur, pour les Grecs, réside toujours dans ce qu'ils appellent l'*hybris*, dans cette démesure qui pousse les humains, par arrogance et par orgueil, à vouloir plus que leur part, à vouloir toujours s'élever au-dessus de leur condition naturelle légitime. Mais trouver sa juste place dans l'ordre cosmique ne va pas de soi. Cela suppose au préalable que l'on dispose d'une vue de l'ensemble, que l'on ait acquis, donc, la connaissance du tout cosmique, de l'univers dans sa globalité, bref, cela suppose d'abord la *théôria*. On ne peut pas trouver sa place dans l'univers si l'on n'a pas de celui-ci une idée qui ne soit pas trop approximative, de manière à savoir où nous sommes dans ce monde. Trouver sa place dans le monde, voilà la première et principale recommandation de l'éthique stoïcienne.

Mais, avant d'entrer plus avant dans l'analyse des principes fondamentaux de cette morale, il faut encore insister, sur un plan strictement théorique, sur deux aspects de l'ordre cosmique.

J'ai dit qu'il était, aux yeux des stoïciens, divin et logique ; qu'il était harmonieux, juste, beau et bon ; qu'il était comme un bel organisme vivant. Deux autres caractéristiques très importantes vont permettre de mieux comprendre comment on passe de l'analyse théorique du cosmos (de la philosophie comme connaissance) à l'éthique, à la philosophie comme philosophie morale.

Déterminisme et superstition

En premier lieu, il faut rappeler qu'aux yeux des stoïciens – et c'est peut-être même là le thème le plus insistant de leur pensée théorique – l'ordre du monde est totalement déterminé, au sens du déterminisme : c'est-à-dire que rien n'arrive sans cause dans le monde, aucun événement n'est sans raison, mais au contraire les événements s'enchaînent les uns aux autres de manière intégralement et parfaitement déterminée par l'ordre des raisons. Nous considérons parfois qu'il y a du hasard dans le monde, que si une pièce est sur la tranche, par exemple, elle peut aussi bien tomber d'un côté que de l'autre, et l'on dit : « C'est le hasard qui fait qu'elle va tomber côté pile ou côté face. » Pour les stoïciens, il s'agit là d'une illusion totale, d'une bévue simplement liée au fait que notre connaissance est limitée, qu'elle bute sur les détails, car en vérité il n'y a pas, il n'y a jamais de hasard : il existe toujours des causes, fussent-elles minuscules, à peine perceptibles, qui expliquent parfaitement, rationnellement, tous les événements du monde, de telle sorte que les choses arrivent de manière entièrement déterminée [2]. C'est du reste pour cette raison qu'il n'y a chez eux aucune place pour ce que l'on appellera, dans la philosophie moderne, le libre arbitre, ni pour une philosophie des possibles. On est déjà – si je puis dire – dans Spinoza, c'est-à-dire dans une vision intégralement déterministe de l'univers. Nous verrons que les conséquences en sont très importantes sur le plan éthique.

« Pour les stoïciens, il n'y a pas de hasard. Chaque événement possède une cause, une raison d'être, et se produit de manière entièrement déterminée. Tout est explicable : il n'y a pas de mystère dans l'univers. »

Ainsi, lorsque les stoïciens disent que le monde est logique, qu'il relève de cet ordre du *logos*, cela signifie notamment que rien n'est sans raison. Ils ne formulent pas encore le principe de raison – il reviendra à Leibniz, au XVIIe siècle, d'en donner la première formulation abstraite : *nihil est sine ratione*, c'est-à-dire : rien n'est sans raison – mais l'idée est déjà présente au cœur du stoïcisme : rien n'arrive dans l'univers sans qu'il y ait une raison, et même une bonne raison à cela. Tout est explicable : il n'y a pas de mystère dans l'univers.

Aussi bizarre, et même tout à fait paradoxal que cela puisse paraître à première vue, ce rationalisme est ce qui explique les raisons pour lesquelles les stoïciens étaient « superstitieux », au sens où nous l'entendrions aujourd'hui ! Ils croyaient au destin et pensaient même qu'il est possible de prévoir l'avenir [3]. Voyez pourquoi ce qui nous semblerait aujourd'hui tout à fait irrationnel, non scientifique, à savoir la superstition, est paradoxalement dans le stoïcisme un effet de son rationalisme exacerbé :

étant donné que tout est déterminé par des causes qui précèdent, qui sont donc installées dans le passé, on doit pouvoir, en analysant ces causes, prévoir l'avenir ! L'avenir n'est que la poursuite d'une trajectoire déjà inscrite dans le réel et, de même qu'on peut prévoir à peu de chose près, en regardant une pierre qu'on vient de jeter, l'endroit où elle va tomber, on doit bien pouvoir prévoir l'avenir en considérant le passé et le présent. Ce n'est donc pas la superstition, mais plutôt une espèce d'hyper-rationalisme qui amenait les stoïciens romains à penser que l'avenir était prévisible et que l'on pouvait, en lisant les signes astrologiques, par exemple, essayer de connaître l'issue d'un combat, de jeux ou de guerres.

La liberté des stoïciens n'est qu'intérieure

Le deuxième point qu'il nous faut prendre en considération pour comprendre la morale stoïcienne touche la distinction cardinale – c'est peut-être la plus célèbre thèse de philosophie stoïcienne – entre « les choses qui dépendent de nous » et celles qui « n'en dépendent pas » [4].

Certaines choses dépendent de nous : ce sont celles qui relèvent de notre vie intérieure, par exemple, nos jugements de valeur, les appréciations que nous portons sur le monde et sur les autres [5]. Bref, nos aversions, nos goûts et nos dégoûts. Ils relèvent de la vie intérieure et, pour les stoïciens, ils appartiennent quand même à quelque chose comme la liberté : on peut choisir d'aimer le monde ou de le détester. On peut choisir de se révolter ou d'accepter. Voilà la liberté que nous accorde la philosophie stoïcienne. Encore faut-il ajouter que ce n'est qu'une liberté intérieure, qui ne peut pas vraiment transformer le monde extérieur puisque celui-ci est complètement déterminé. Est-ce pensable ? Est-ce contradictoire ? Personnellement, je dois vous l'avouer, je pense que le déterminisme absolu est contradictoire. Je pense que, comme dans le spinozisme, les grands penseurs déterministes ne peuvent jamais s'empêcher de réintroduire de manière subreptice, voire tout à fait incohérente au regard de leur propre doctrine, un minimum de libre arbitre, ne serait-ce que pour expliquer cette liberté de choix qui nous permet d'opter pour la sagesse ou au contraire de rester dans la vie ordinaire. Nous y reviendrons très en profondeur quand je vous parlerai de Spinoza, justement. Mais notez que, dès l'Antiquité, par exemple chez Plutarque, quantité de critiques touchant cette question sont déjà formulées : une liberté purement intérieure est-elle vraiment une liberté ? Une liberté qui ne peut avoir aucun effet dans le monde a-t-elle encore un sens ? Et, du reste, si tout est déterminé par l'enchaînement des causes et des raisons, pourquoi la vie psychique devrait-elle échapper au déterminisme ? Oui, tout cela n'est pas très cohérent, il faut bien l'avouer. Je vous propose malgré tout de faire abstraction de ces difficultés pour essayer de comprendre de l'intérieur la pensée stoïcienne. Car, en dépit de ses contradictions, elle reste tout de même passionnante à bien des égards et, après tout, c'est cela l'essentiel, et c'est cela qu'il faut essayer de bien comprendre.

> *« Une liberté qui n'a pas d'effets dans le monde est-elle encore une liberté ? »*

Laissons donc de côté ce débat, mais gardons en tête que, chez les stoïciens, les jugements de valeur dépendent de nous. Mais rien d'autre n'en dépend : la santé, la maladie, les honneurs, la richesse, la naissance et la mort échappent à notre contrôle. Nous ne sommes pas plus maîtres de notre mort que de notre naissance. Même le suicide, pour les stoïciens, ne relève pas de la liberté. Tous ces éléments qui occupent la vie sociale (vanités, honneurs, richesses, maladie, santé, naissance et mort) ne dépendent pas de nous. Les choses qui dépendent de nous forment la « citadelle intérieure », comme le dira l'un des grands commentateurs de la pensée grecque, Pierre Hadot. La citadelle intérieure, le *forum* intérieur, c'est le siège de nos pensées, qui, elles, dépendent de nous. Derrière cette conviction se profile l'idée que même un esclave peut être parfaitement libre (comme c'est, du reste, le cas d'Épictète).

Sénèque suggère à ce propos une métaphore très parlante. « Les destins conduisent ceux qui les acceptent et traînent ceux qui les refusent » [**6**], métaphore qu'il explicite à l'aide d'une image bien connue dans le monde stoïcien : nous sommes comme des petits chiens attachés à un traîneau, et si nous refusons le déterminisme qui régit le monde, nous serons quand même tirés de force, que nous le voulions ou non, par ce traîneau. Nos pattes traîneront par terre, s'abîmeront dans les graviers et seront douloureuses. Nous souffrirons énormément. Si, en revanche, nous acceptons le destin et l'ordre du monde – parce que nous l'avons compris : d'où l'importance de la théorie, de la connaissance du monde et des causes –, alors nous serons comme le petit chien qui trottine gentiment derrière le chariot et qui ne souffre pas. Il séjourne dans une espèce de liberté intérieure parce qu'il a accepté l'ordre du monde.

On retrouvera cette philosophie stoïcienne dans un passage célèbre du *Discours de la méthode* de Descartes, lorsqu'il reprend, à titre de morale provisoire, cet aspect de l'éthique stoïcienne : « Mieux vaut changer ses désirs que l'ordre du monde. » Chez Sénèque, comme plus tard chez Spinoza, la philosophie est hostile à l'idée même de révolte. C'est une philosophie de l'acceptation du monde, de la réconciliation avec ce qui est : le petit chien qui comprend que le traîneau suit un cours totalement déterminé, que tout cela ne dépend pas de lui, trottine gentiment et sans souffrance tandis que celui qui se révolte est quand même traîné, mais dans la peine et le malheur. Philosophie de la soumission, philosophie d'esclave ? Déjà au temps des premiers stoïciens, les épicuriens ne manqueront pas d'adresser cette critique, il faut le dire non négligeable, à leurs « chers collègues » en philosophie... Beaucoup plus tard, elle sera reprise parfois contre le bouddhisme et contre le spinozisme, qui posent, en effet, des problèmes analogues à ceux que soulève déjà le stoïcisme.

Connaître le monde pour vivre en accord avec lui

Ces deux traits fondamentaux que nous venons d'évoquer, le déterminisme et la distinction entre ce qui dépend de nous et ce qui n'en dépend pas, vont permettre de bien comprendre comment on passe de la première partie de la philosophie, à savoir la théorie, à la seconde partie, à savoir la morale ou l'éthique (encore une fois, c'est volontairement que je ne fais pas ici de distinction entre ces deux termes). La théorie, en effet, nous dévoile l'ordre du monde, et la morale, pour l'essentiel, consiste – comme je vous le disais tout à l'heure – à essayer de trouver sa place dans cet ordre cosmique, comme un organe doit avoir sa juste place dans un organisme – sans quoi l'organisme fonctionne mal et l'organe lui-même dépérit.

Dans cette philosophie, la théorie est, en quelque sorte, tout entière tendue vers un deuxième niveau de réflexion, le niveau moral. Je citerai un petit texte de Cicéron qui, sur ce point, est particulièrement clair et pertinent. Dans un commentaire célèbre de la pensée stoïcienne qui figure dans son livre intitulé *Des fins, des biens et des maux*, il écrit ceci :

> Celui qui veut vivre en accord avec la nature doit partir de la vision d'ensemble du monde et de la Providence.

« Celui qui veut vivre en accord avec la nature » : tel est le but même de la morale. S'ajuster, s'ajointer à l'ordre du monde, au cosmos, voilà la finalité tout entière de l'éthique. Et celui qui veut vivre en accord avec la nature doit d'abord partir de la *théôria* (c'est-à-dire d'une vision globale du monde, pour savoir comment y trouver sa place) et de la Providence (la Providence, c'est simplement le destin, le déterminisme dont nous venons de parler).

« Le but même de la morale stoïcienne est de vivre en accord avec la nature, c'est-à-dire avec l'harmonie qui règne dans l'ordre cosmique. »

Cicéron écrit encore ceci, à propos des stoïciens : « On ne peut porter des jugements vrais sur les biens et sur les maux, sans connaître le système entier de la nature », donc sans savoir à quelles conditions la nature humaine peut se mettre en accord avec la nature universelle. Et, ajoute Cicéron, on ne peut voir, sans la physique (sans la *théôria*), quelle importance – et elle est immense – ont les anciennes maximes des Sages : « Obéis aux circonstances », « Suis Dieu », « Connais-toi toi-même » et « Rien de trop ». Ces deux dernières formules figurent au fronton du temple de Delphes et sont cruciales dans l'imaginaire grec. Il importe de bien comprendre ce qu'elles veulent dire.

« Connais-toi toi-même » : la formule n'a rien à voir avec la psychanalyse ou avec une philosophie de l'introspection. Elle signifie : « Sache qui tu es et où tu es dans le monde. » Complétée par « Rien de trop », elle rappelle ce que je vous disais tout à l'heure, à savoir que le plus grand péché, pour les Grecs (dans toute la mythologie, mais aussi dans cette tradition « cosmologique » – on voit pourquoi on l'a appelée ainsi – qui remonte à Parménide, Platon, Aristote et aux stoïciens), est l'*hybris*, l'arrogance, la démesure, le fait de ne pas être à sa place, de se prendre pour quelqu'un d'autre. « Pour qui se prend-il ? » dit-on parfois, et c'est bien de cela qu'il s'agit lorsque les Grecs évoquent l'*hybris* : celui qui se prend pour un dieu, comme Tantale, qui a l'audace insigne de vouloir tester leur omniscience en leur servant un repas composé avec la viande de son propre fils, Pélops, est puni : il n'est pas à sa place, il s'est pris pour l'égal des dieux qu'il a voulu défier de manière arrogante. Il a péché par la nourriture, il sera puni par la nourriture ! « Connais-toi toi-même » signifie donc : sache qui tu es, pour pouvoir trouver ta juste place dans le monde et pas une place supérieure ou inférieure à celle qui te revient. Il s'agit de « se connaître soi-même » pour obéir à l'autre formule, « Rien de trop ! » Autrement dit, l'impératif signifie : ne pèche pas par *hybris*, par arrogance. Tantale est puni parce qu'il s'est pris pour un dieu, il a péché par arrogance, par orgueil, par *hybris* ; il n'est pas à sa place, il est « trop », si je puis dire, et les dieux l'y remettent brutalement par un terrible châtiment.

La théorie est donc le préalable à la morale : il faut s'ajuster à l'ordre du monde, et pour y parvenir, il faut d'abord le connaître. Voilà une idée bien intéressante : le juste – au sens de la justice –, c'est la *justesse*. La justice, c'est la justesse. Ce qui est juste, c'est ce qui est ajusté à l'ordre cosmique que la *théôria* a dévoilé. Comme un luthier ajuste les cent vingt pièces de bois qui forment un violon, pour que le violon sonne, pour qu'il soit en harmonie, la morale stoïcienne nous invite à nous ajuster à l'ordre du monde après avoir compris quelle est notre juste place à l'intérieur de cet ordre cosmique.

> *« Comme un luthier ajuste les cent vingt pièces de bois qui forment un violon pour qu'il soit en harmonie, la morale stoïcienne nous invite à nous ajuster à l'ordre du monde, après avoir compris quelle y est notre place. »*

UNE PHILOSOPHIE PRATIQUE NOURRIE PAR DES EXERCICES

L'héritage des cyniques

L'enseignement de la philosophie stoïcienne, contrairement à ce qui se passe aujourd'hui dans nos lycées ou dans nos universités, développait tout un volet pratique. C'est là un point extrêmement intéressant, que Pierre Hadot a bien mis en lumière, notamment dans son beau livre consacré à Marc Aurèle, *La Citadelle intérieure*. L'enseignement de l'école n'était pas simplement transmis aux élèves sous la forme d'un discours, il comportait aussi des exercices pratiques de morale appliquée.

Ces exercices peuvent nous faire sourire aujourd'hui, mais leur signification est extrêmement profonde. Zénon, le père fondateur de l'école stoïcienne, avait été l'élève des cyniques, et notamment de Cratès. Étymologiquement, les « cyniques », en grec, ce sont les « chiens ». On comparait les cyniques, qui étaient donc les maîtres des premiers stoïciens, à des chiens, et ce pour deux raisons que nous allons retrouver dans ces exercices pratiques de morale appliquée chers aux stoïciens. La première raison, c'est que, sur les places des marchés à Athènes, ils s'amusaient à asticoter les gens, à leur poser des questions pour les sortir de leurs « certitudes bourgeoises », comme on dirait aujourd'hui, pour les inciter à la réflexion philosophique. Ils titillaient donc les « bourgeois » comme des roquets viendraient vous mordiller les mollets ou les chaussures. La deuxième raison est plus profonde : on les comparait à des chiens parce qu'ils étaient, à ce qu'on dit, très sales, hirsutes et débraillés, et qu'ils se comportaient comme des chiens, qui vont mettre le museau là où il ne faut pas, qui font leurs besoin devant tout le monde, sans la moindre bienséance ni la moindre pudeur.

Quel rapport avec les cyniques ? Il tient bien sûr au fait que les cyniques grecs avaient déjà cette idée, reprise par les stoïciens, que la vraie morale (qui, selon un mot de Pascal, « se moque de la morale », c'est-à-dire des conventions artificielles) consiste à s'ajuster à l'ordre cosmique, donc à vivre en harmonie, en accord avec la nature. Or la nature, comme on voit chez les chiens, se moque bien de la pudeur et de la bienséance, du moins telles qu'elles sont définies par les « bourgeois ».

> *« Les cyniques grecs asticotaient les gens, leur posaient des questions pour les sortir de leurs certitudes bourgeoises. »*

Vivre selon la nature et pas selon les conventions

Qu'est-ce, en effet, que vivre en accord avec la nature ? C'est d'abord se moquer du qu'en-dira-t-on, des conventions, des codes artificiels de la civilité construite par les humains qui s'autoproclament « civilisés ». Il s'agit donc de se débarrasser de ce fatras de principes artificiels, afin de vivre en accord avec la vraie nature et pas avec la prétendue civilité de ces citoyens de Rome ou d'Athènes qui ne vivent plus en accord avec l'ordre cosmique parce qu'ils sont entrés dans une société, aux yeux des cyniques comme aux yeux des stoïciens, déjà dégradée. On retrouvera cette idée chez Rousseau. Le vrai sage est celui qui se moque des conventions mais qui, en revanche, respecte la nature – comme le chien, finalement. Aux yeux du bourgeois, le chien est sale et « mal élevé », mais aux yeux du cynique ou du stoïcien, il est simplement naturel. De là leurs provocations, destinées bien sûr à faire réfléchir les autres, à les sortir de leurs certitudes enkystées et de leur torpeur dogmatique.

Une « morale appliquée »

Voilà pourquoi stoïciens et cyniques recommandaient des exercices de sagesse à leurs élèves. On raconte qu'ils les obligeaient, par exemple, à tirer un poisson mort sur la place publique, les jours de marché à Athènes – ou à Rome, du reste. Évidemment, on se moquait du malheureux élève qui tirait comme un petit chien au bout d'une laisse son poisson mort : il était victime de tous les quolibets possibles et imaginables. Quel était le but de l'exercice ? Il visait à apprendre à l'élève, justement, à se moquer du qu'en-dira-t-on, afin de se *convertir* – au sens étymologique du terme : c'est-à-dire de détourner son regard des conventions artificielles pour le jeter vers la nature, vers l'ordre cosmique. La finalité de cet exercice était de commencer à porter un œil neuf sur l'ordre cosmique afin de le comprendre (par la *théôria*). Le premier pas du disciple stoïcien était donc de se déprendre du poids du qu'en-dira-t-on et des conventions sociales pour être d'abord capable de connaître la nature véritable de l'univers, mais pour pouvoir aussi, dans un second temps, grâce à ce savoir rare et précieux, vivre enfin en accord avec elle.

On mesure ici à quel point cet enseignement était un enseignement pratique. Il s'agissait à proprement parler d'*apprendre à vivre*, et pas simplement à parler ou même à penser. La sagesse était d'abord et avant tout une sagesse pratique, même si elle devait passer par beaucoup de théorie.

Diogène Laërce évoque encore un deuxième exercice. Il raconte que Cratès (le maître de Zénon, l'un des plus grands penseurs de la tradition cynique), qui habitait une grotte assez infâme à Athènes et qui était marié à une femme, Hipparchia, dont on dit qu'elle était fort belle, prenait soin de faire l'amour en public avec elle. On dit de lui qu'il était très sale – c'est en tout cas l'image que l'on en a, mais c'est sans doute plus une métaphore ou un symbole, car, bien évidemment, toutes ces biographies sont mythiques : elles ont une signification philosophique et il ne faut sans doute pas les prendre au pied de la lettre. On dit que lorsque Cratès faisait l'amour avec Hipparchia, il prenait soin de lever le rideau qui fermait sa caverne afin que tout le monde en profite [7], ce qui, bien évidemment, « choquait le bourgeois ». C'était du reste le but, puisqu'il s'agissait au fond de leur adresser le message suivant : « Vivez si vous voulez selon les conventions artificielles, moi je vis selon la nature, et faire l'amour avec sa femme n'a rien de scandaleux, rien d'antinaturel, c'est au contraire parfaitement conforme à l'ordre du monde. » Il obéissait donc à une double stratégie qui consistait bien sûr à « choquer le bourgeois », mais aussi, en même temps, à se déprendre soi-même du regard des autres, pour vivre vraiment dans la sagesse.

III. La victoire sur la mort : de l'éthique à la sagesse et au salut

Mais, comme je vous l'ai dit, la théorie et la morale, si importantes soient-elles, ne sont pourtant que des préalables à la troisième partie de la philosophie, la plus haute et la plus importante, à savoir la doctrine de la vie bonne, la doctrine de la sagesse et du « Salut » : la sotériologie. C'est le troisième niveau de la réflexion philosophique. *Soterios*, en grec, veut simplement dire « le Salut ». Le « Salut », étymologiquement, c'est « ce qui sauve », ou, plus exactement, c'est « le fait d'être sauvé ». Sauvé de quoi ? Des peurs, qui nous empêchent d'accéder à la vie bonne, évidemment, parce qu'elles nous interdisent de penser et d'aimer librement – en particulier la peur de la mort. Quand l'angoisse s'empare de nous, nous devenons très rapidement aussi stupides qu'égocentriques : nous pensons mal, et d'abord à nous, ce qui est le contraire même de la sagesse. Quel rapport y a-t-il entre ce que nous venons de voir, la *théôria* (la contemplation de l'ordre cosmique), puis l'éthique, entendue comme la volonté de s'ajuster à l'ordre du monde, et enfin la sotériologie, la question du salut, de la victoire sur les peurs, de la sagesse ou de la vie bonne ?

La mort n'est qu'un passage

Dans la pensée stoïcienne (mais aussi dans la culture dominante des Grecs : souvenez-vous, ici encore, de l'histoire d'Ulysse et de son retour à Ithaque), lorsque le sage parvient à s'ajuster à l'ordre du monde, à vivre en harmonie avec l'harmonie cosmique, en accord avec l'accord dominant le cosmos, alors il devient lui-même un fragment d'éternité, puisque le cosmos est éternel – immortel, si je puis dire. Dans ces conditions, la mort n'est plus à ses yeux la fin tant redoutée, mais seulement un passage, une transition d'un état à un autre.

C'est ce que les stoïciens ne cessent de répéter dans leurs œuvres : la mort n'est pas effrayante, ce n'est qu'un passage de l'état de vivant à l'état de matière inanimée, mais ce n'est pas une perte ni un néant. La mort est une transition [8]. Lorsqu'on est un fragment d'éternité, on est soi-même éternel. On est un atome de cosmos.

Trois manières de vaincre la mort

L'enjeu métaphysique de cet ajointement à l'ordre du monde est extrêmement profond : il s'agit tout simplement de la victoire sur la mort, en tout cas sur la peur qu'elle suscite inévitablement chez les ignorants. Les Grecs pensaient qu'il y avait trois manières de vaincre la mort.

La première est d'avoir ce qu'on appelle si bien une « descendance » : si les petits-enfants ont une aile du nez du grand-père, l'œil de leur grand-mère, la chevelure d'un des parents, etc. alors quelque chose d'eux survit dans leur descendance, tout n'est pas perdu... Mais cette première solution n'est pas très convaincante. À vrai dire, même quand on a des enfants, le fait qu'ils vous ressemblent et que quelque chose de vous survit en eux ne nous empêche nullement de craindre leur mort, de nous inquiéter pour ces êtres qui nous sont les plus chers, comme Téthys, la mère d'Achille, est morte d'angoisse pour son fils quand il part pour la guerre de Troie. Ce n'est donc pas par la descendance qu'on vaincra la peur de la mort, bien au contraire.

Une autre solution pourrait être trouvée dans l'héroïsme, dans celui d'Achille, pour reprendre à nouveau cet exemple, le plus grand héros légendaire de tous les temps. Achille n'a pas peur de la mort, il l'affronte constamment, et c'est justement dans cet affrontement qu'il devient un héros glorieux et célèbre. La gloire lui permet alors d'échapper à l'éphémère du temps qui passe, parce qu'elle le transforme en un personnage de roman ou de livre historique. Il devient pour ainsi dire un objet de l'écriture, et l'écriture ne passe pas : elle reste et confère à ceux qu'elle grave dans le marbre une espèce d'immortalité, en tout cas de durée prolongée après la mort biologique. Ce point est bien analysé par Hannah Arendt dans *La Crise de la culture*. Grâce à l'écriture, le héros devient un être quasi éternel, parce que l'écriture, à la différence de la parole, ne se volatilise pas sitôt énoncée. Elle subsiste. Si vous réussissez, par vos faits et gestes, comme Achille, à être inscrit dans un livre d'histoire, alors vous durerez très longtemps.

Pour autant, cette solution n'est pas non plus très convaincante. Elle n'empêche pas le héros de mourir, et si l'on en croit *L'Odyssée*, lorsque Ulysse retrouve Achille aux enfers, ce dernier lui avoue piteusement qu'il serait prêt à échanger toute sa gloire… contre un modeste poste de serviteur chez le plus pauvre des fermiers ! C'est dire combien l'héroïsme échoue à résoudre la question de la mort, combien la vanité de la gloire, cette immortalité de papier, pèse peu face aux attraits d'une immortalité qui serait bien réelle et se traduirait par un retour à la vie, fût-elle misérable.

D'où le troisième niveau, le troisième rapport à la mort qui pourrait bien naître de l'ajustement de soi à l'ordre du monde, dans la mesure où, comme je l'ai suggéré, par cet ajustement même nous devenons en quelque sorte des atomes de cosmos, des fragments d'éternité.

C'est alors, et alors seulement, comme dans l'histoire d'Ulysse au moment où il retrouve enfin Ithaque et Pénélope, que le sage peut habiter le présent, loin des passions tristes qui règnent sur le passé (nostalgies, regrets, remords) comme sur le futur (sur le mode de l'espoir, du « ça ira mieux après »). Ajusté à l'ordre du monde, comme Ulysse, Cratès, Diogène – un autre cynique – ou Zénon, le sage peut se débarrasser du poids du passé, des regrets, des remords, des culpabilités. Il peut enfin se débarrasser des illusions de l'avenir, de l'espérance – c'est tout le thème des *Lettres à Lucilius* de Sénèque. Il peut vivre au présent, aimer enfin le monde tel qu'il est et s'en réjouir. Comme le dit André Comte-Sponville d'une formule d'inspiration stoïcienne : « Le sage est celui qui parvient à regretter un peu moins, à espérer un peu moins, à aimer un peu plus. » *Amor fati*, dit Nietzsche, dans le même sens : amour du *fatum*, de ce qui est là, de ce qu'il nous est envoyé par le destin [9].

La sotériologie, la doctrine du Salut stoïcienne, c'est, comme plus tard chez Spinoza, l'amour de ce qui est, la réconciliation avec le monde. Et là encore, cette définition, cette philosophie de la vie bonne, comme mise en harmonie de soi avec l'harmonie du monde – victoire sur la mort, d'une certaine manière –, est bien une philosophie, non pas une religion, une spiritualité laïque, qui ne passe ni par la foi ni par Dieu (le divin, comme je vous l'ai dit, n'étant pas pour les stoïciens une personne, mais l'ordre parfait du monde).

Une stratégie de la raison pour surmonter la peur de la mort

Comme le suggère un beau texte d'Épictète, le stade suprême de la sagesse consiste à comprendre que nous sommes bel et bien un fragment d'éternité :

> Les feuilles tombent, la figue sèche remplace la figue fraîche, le raisin sec la grappe mûre, voilà selon toi des paroles de mauvais augure ? En fait, il n'y a là que la transformation d'états antérieurs en d'autres états. Il n'y a pas de destruction, mais un aménagement et une disposition bien réglés.

Où l'on retrouve la notion de déterminisme, d'ordre du monde, cette idée que le destin est bon et qu'il faut l'accepter, sans quoi on sera semblable à ce petit chien souffrant qui est traîné par le chariot et qui voit ses pattes s'user sur les graviers.

Mais le texte continue : « L'émigration n'est qu'un petit changement, la mort en est un plus grand, mais il ne va pas de l'être actuel au non-être » (par « émigration », Épictète entend le « bannissement », qui est la punition suprême pour les Grecs, pire que la mort, puisqu'on est expulsé hors de ce cosmos qu'est la cité et qu'on ne peut ainsi plus atteindre la sagesse ni la vie bonne). C'est seulement ce que nous sommes actuellement – l'« être actuel » – qui va mourir, mais pas la totalité de ce que nous sommes : « Alors je ne serai plus ? demande le disciple » ; et la réponse d'Épictète tombe aussitôt : « Tu ne seras pas ce que tu es, mais tu seras autre chose dont le monde aura tout autant besoin. »

L'idée selon laquelle la mort n'est pas la fin de toutes choses, mais seulement un passage, le moment où l'humain se fond dans le cosmos est rassurante, de sorte que le sage apparaît bien comme celui qui a vaincu les peurs. Il n'est pas dans le bonheur au sens d'un bonheur repu, d'une satisfaction complète de tous les désirs ; il est dans le bonheur au sens de la sérénité, au sens où il n'est plus déchiré et coincé par les peurs.

> *« L'idée de la mort comme passage est évidemment une stratégie destinée à faire en sorte que le sage surmonte l'angoisse. »*

J'y reviens encore un instant : le sage est comme Ulysse à la fin de *L'Odyssée*, lorsqu'il a rejoint Ithaque et qu'il est réconcilié avec l'ordre du monde. Il est, lui aussi, ajusté, « ajointé » à l'ordre cosmique. C'est alors, souvenez-vous, que les dieux distendent l'instant que vit Ulysse au moment où il retrouve Pénélope dans le lit nuptial. Cette métaphore de l'instant distendu, c'est la métaphore de l'instant devenu lui aussi atome d'éternité, fragment d'éternité, c'est-à-dire instant qui n'est plus angoissant parce qu'il n'est plus relativisé par la nostalgie du passé ou par l'espérance du futur. Espérance et nostalgie tenaillent le fou et disparaissent chez le sage. Ulysse est fou – au sens où il est « non sage » – tant qu'il est en voyage, qu'il est en guerre, et qu'il n'est pas à Ithaque. Pendant les vingt années où il est « délocalisé », hors de lui et hors de chez lui, il est dans la nostalgie ou dans l'espérance d'Ithaque, pas dans l'amour d'Ithaque. Mais une fois rentré, il est réconcilié avec le temps, il habite le présent – *carpe diem*, dirait Horace. Il peut vivre le présent : *amor fati*, dira Nietzsche.

Les exercices de sagesse des stoïciens

Les stoïciens – je le disais – ont développé des exercices de morale (le poisson mort, faire l'amour en public avec sa femme – ce qui, curieusement, est un exercice de morale, nous avons maintenant compris pourquoi), mais ils ont aussi élaboré des exercices de sagesse, c'est-à-dire, à ce niveau supérieur, des exercices par lesquels le disciple est appelé à se débarrasser des peurs, du poids du passé comme des mirages du futur.

Lorsque le sage stoïcien est ajusté à l'ordre du monde, lorsqu'il a trouvé sa place dans l'ordre cosmique et qu'il comprend, par conséquent, puisque le cosmos lui-même est éternel, qu'il est un fragment d'éternité, un atome de cosmos, et que la mort n'est qu'un passage, il est, en quelque sorte, en position de vaincre, sinon la mort elle-même (la mort individuelle, la mort de la conscience individuelle est inévitable), du moins une grande partie de la peur qu'elle inspire aux hommes ordinaires.

L'apprentissage de la vie

Comme je vous l'ai dit, la pensée stoïcienne ne reste pas abstraite, verbale, elle s'incarne dans la vie de tous les jours grâce à des exercices concrets. Pierre Hadot a bien montré dans ses travaux sur l'Antiquité que, dans toutes les grandes écoles grecques, la philosophie n'avait pas avant tout pour but de développer un discours, une réflexion, pas même une réflexion critique (même si elle le faisait aussi, bien sûr), mais bel et bien de nous conduire vraiment à la sagesse, de manière pratique, concrète. Comme je vous l'ai dit, c'était un apprentissage de la vie, non un enseignement portant sur la rhétorique de la dissertation, comme on le croit aujourd'hui dans nos examens et nos concours.

Certains, qui se prétendent disciples de Schopenhauer, se moquent de cette idée que la philosophie aurait pour but d'apprendre à vivre. C'est assez paradoxal, car on retrouve justement dans la philosophie contemporaine, notamment chez Schopenhauer et Nietzsche, cette idée grecque que la philosophie est apprentissage de la vie, pas ou en tout cas pas seulement un art du discours. Schopenhauer a du reste écrit un *Art d'être heureux* qui s'inscrit tout à fait dans cette tradition stoïcienne.

COMMENT LA VICTOIRE DU CHRISTIANISME SUR LA PENSÉE GRECQUE A TRANSFORMÉ LA PHILOSOPHIE EN PURE « SCOLASTIQUE »... COMMENT NOTRE BACCALAURÉAT EST UN HÉRITAGE DE CETTE TRANSFORMATION FUNESTE !

Pourquoi la philosophie scolaire et universitaire, telle qu'on la pratique encore chez nous en classe de terminale, a-t-elle totalement refoulé cette mission fondamentale qui était d'abord et avant tout la sienne à l'origine ? Là encore, les travaux de Pierre Hadot sont précieux. Ils montrent comment, à partir du moment où, tout au long du Moyen Âge, le christianisme va l'emporter sur la philosophie grecque, la religion s'arrogera le monopole de la définition légitime de la vie bonne et du salut. Du coup, la philosophie sera renvoyée à une tâche inférieure, beaucoup moins essentielle que celle de la théologie. Elle n'aura plus le droit, sous peine de représailles terribles venant de l'Église, de s'occuper de la sagesse, de la vie bonne et du salut pour devenir, selon le mot d'un théologien du Moyen Âge, saint Pierre Damien, simple « servante de la religion ».

« Le christianisme s'est arrogé le monopole de la définition légitime de la vie bonne et du Salut, renvoyant la philosophie à une tâche inférieure et la transformant, selon le mot de saint Pierre Damien, en simple "servante de la religion". »

Avec la domination de la religion chrétienne, la philosophie n'aura plus pour tâche de définir la vie bonne, comme chez les stoïciens, chez les Grecs d'une manière générale, mais seulement d'analyser les concepts (la substance, l'accident, l'être, le néant, le beau, le vrai, le bien, etc.). C'est ce que l'on appellera la « scolastique », la philosophie scolaire : elle va se réduire à une simple analyse critique, une discussion sur le sens des mots, ce que Kant nomme, non sans un certain mépris, la *philosophia generalis*, la philosophie qui se contente d'argumenter à propos de notions abstraites, pour ne pas dire de couper les cheveux en quatre dans des exercices scolaires purement rhétoriques.

C'est cet exercice philosophique que nous avons malheureusement très largement conservé sous la forme de la dissertation. Le beau, est-ce ceci ou cela ? Qu'est-ce que le juste ? Est-ce que le vrai peut être atteint par démonstration ? Qu'est-ce que la science, l'espace, le temps, le bien, le mal, l'histoire, la perception, la valeur de l'exemple, etc. On n'en finit pas de multiplier les questions plus ou moins oiseuses. Trop souvent les professeurs sont contraints, par des programmes irréfléchis, d'inviter aujourd'hui leurs élèves à discuter de grands concepts vagues, de grandes questions qu'ils sont, les malheureux, à des années-lumière de pouvoir résoudre réellement. On les somme, de développer une analyse critique qui les dépasse de toute part, une argumentation, une réflexion auxquelles ils ne sont pas aptes. Ça peut bien entendu avoir un sens en termes d'instruction civique, d'apprentissage de l'éthique de la discussion, mais cela n'a aucun rapport avec la vraie philosophie.

Dans nos classes, on ne fait pas tirer des harengs par les élèves : cela nous paraîtrait complètement ridicule, on serait probablement envoyé d'urgence par l'inspection générale dans un foyer psychiatrique de la Mutuelle Santé de l'Éducation nationale. Nous avons pris l'habitude – c'est là un héritage de la victoire du christianisme sur la philosophie grecque – de considérer que la philosophie relève seulement de la pensée discursive, de la *théôria*, de l'analyse de concepts, de la réflexion et de l'argumentation. Cette conception de la philosophie n'était pas celle des Grecs, et je pense qu'ils avaient profondément raison.

Premier exercice de sagesse : vivre au présent

Voilà aussi pourquoi ils ajoutaient dans les écoles, aux trois étages de la philosophie – *théôria*, morale, sotériologie (doctrine du Salut) – des exercices, non plus simplement de morale, mais de sagesse. Donnons-en quelques exemples.

Un premier type d'exercice consistait à s'habituer à vivre au présent, à pratiquer le *carpe diem*, l'*amor fati*, l'amour de ce qui est là, ici et maintenant. C'est en ce sens que les sages stoïciens ne cessent d'inviter leurs disciples à ne pas regretter en permanence les événements passés, à ne pas être dans la nostalgie, dans les remords, les regrets et les culpabilités – dans les « passions tristes », pour parler toujours comme Spinoza. Quand il nous arrive un pépin anecdotique dans la vie de tous les jours, lorsque, par exemple, on a manqué son train ou son avion, qu'on est en retard à un rendez-vous et que cela nous paraît très grave sur le coup, parce qu'il s'agit d'un rendez-vous important, il faut se dire : « Dans trois mois, je n'y penserai plus. Même pas dans trois mois : dans deux jours, je n'y penserai plus ! » Sur le moment, on est tétanisé d'angoisse, on transpire, on court, c'est toute une affaire. Si l'on y pense avec un peu de distance, un peu de champ, c'est évidemment absurde. Il faut apprendre à habiter le présent quel qu'il soit, à prendre les aléas comme ils viennent. Je ne dis pas que c'est facile, mais c'est l'idée que les exercices de sagesse stoïciens essayaient de mettre en pratique.

On raconte encore qu'Épictète, devenu esclave d'un maître sévère et injuste, disait pouvoir supporter toutes les tortures. Son maître, pour vérifier la justesse de la philosophie stoïcienne, s'était amusé à lui casser la jambe. Épictète avait merveilleusement supporté la douleur – de là, du reste, le sens courant du mot stoïque dans la langue ordinaire : celui qui reste de marbre sous les coups du sort, qui encaisse la souffrance sans broncher. De telles anecdotes sont sans doute plus ou moins légendaires. Elles sont probablement plus philosophiques qu'historiques et factuelles. Mais elles n'en révèlent pas moins une vérité, celle du disciple qui s'exerce, quoi qu'il arrive, à habiter joyeusement le présent, à dire « oui » au présent – à dire « oui » à ce qui est –, formule que l'on retrouvera encore chez Nietzsche.

DEUXIÈME EXERCICE : REPOUSSER L'ESPÉRANCE

Le deuxième type d'exercices pratiques consistait à se débarrasser, non plus seulement du passé – ou des petites choses du présent qui nous tyrannisent et nous empêchent d'habiter le véritable présent (qui est un présent plus large, plus épais et plus calme que le présent fugitif et anecdotique de nos vies quotidiennes) –, mais aussi des illusions de l'espérance. L'espérance est, en effet, pour les stoïciens la pire des choses.

Là encore, André Comte-Sponville a formulé excellemment la critique stoïcienne (et d'ailleurs aussi bouddhiste : c'est fondamentalement la même) de l'espérance : « Espérer, dit-il, c'est désirer sans jouir, sans savoir et sans pouvoir. » Reprenons les trois termes en imaginant quelqu'un qui est malade et qui espère la santé. Si j'espère la santé, c'est que je n'en jouis pas. Donc, c'est un malheur ; ce n'est pas un bonheur, ce n'est pas une joie. Désirer la santé, c'est par définition une « négativité » : c'est désirer ce qu'on n'a pas, par conséquent sans en jouir, mais c'est aussi désirer sans savoir. Car j'ignore, quand on m'annonce que je suis atteint d'une maladie très grave, si je vais en guérir ou pas. J'attends la santé, je l'espère, et je suis d'autant plus plongé dans l'espérance que je suis dans l'ignorance de ce qui arrivera. Et je suis aussi dans l'impuissance, puisque je ne peux pas faire advenir la santé. Si je le pouvais, je le ferais tout de suite, mais c'est très loin de dépendre entièrement de moi. Et quand la maladie est grave, cela ne dépend pas du tout de moi. Je suis donc dans la non-joie, dans la non-jouissance, je suis dans l'ignorance et je suis dans l'impuissance. En ce sens, l'espérance est la pire des choses. CQFD [**10**].

Notez au passage combien cette philosophie est par avance antichrétienne : « N'entrez pas dans l'espérance », pourrait dire le sage stoïcien, par opposition au titre du livre de Jean-Paul II intitulé : *Entrez dans l'espérance*. Surtout pas ! dirait le stoïcien, qui développe alors toute une batterie d'exercices pratiques destinés à nous éviter de céder à cette maladie de l'âme qu'est à ses yeux l'espoir : ne pas espérer guérir quand on est malade ; essayer de profiter de la vie comme elle est, même si elle est une vie abîmée, défectueuse, la vivre quand même tant qu'elle est vivable et tant qu'elle peut avoir quelque charme.

Parenthèse pour éviter un malentendu fréquent : je ne dis pas ici que cette vision stoïcienne est juste en tout point, encore moins qu'elle correspond à ma propre philosophie – ce qui est très loin d'être le cas. Je dis seulement qu'elle mérite d'être comprise, qu'elle nous pose un vrai défi intellectuel par rapport à nos schémas ordinaires, si souvent hérités du christianisme. Il me semble qu'elle comporte au moins une certaine part de vérité. Mais, encore une fois, il ne s'agit pas ici de ce que je pense, mais de comprendre la logique interne d'une grande pensée que je m'efforce de clarifier.

> *« Quand je suis dans l'espérance, je suis dans la non-joie, dans la non-jouissance, je suis dans l'ignorance et dans l'impuissance. L'espérance est donc la pire des choses : on est là dans une philosophie par avance antichrétienne. »*

TROISIÈME EXERCICE : NE S'ATTACHER NI AUX CHOSES NI AUX ÊTRES

Le troisième type d'exercice concerne le « non-attachement ». On retrouvera d'ailleurs cette idée lorsque nous parlerons du bouddhisme, qui est à bien des égards l'équivalent oriental du stoïcisme. Jamais sans doute deux visions du monde ne se sont autant rapprochées que la vision bouddhiste et la vision stoïcienne.

Stoïciens et bouddhistes considèrent, en effet, qu'il ne faut surtout pas s'attacher, ni aux êtres ni aux choses. Ne vous attachez ni à l'argent, ni à des objets, objets d'art ou souvenirs, par exemple ; mais ne vous attachez pas non plus à ceux que vous aimez, à vos filles, à vos fils, à vos maris, à vos épouses, à vos parents, à vos frères, à vos sœurs, à vos amis. Pourquoi ? Le raisonnement est exactement le même que dans le bouddhisme : s'attacher est une folie, le contraire de la sagesse, parce que la réalité du monde est la non-permanence des choses (*pánta rheî kaì oudèn ménei*, disait déjà Héraclite, « tout passe, tout coule et rien ne demeure »). Si je m'attache à quelque chose ou à quelqu'un, je suis fou, parce que cet attachement, un jour ou l'autre, me fera terriblement souffrir. Le jour où cet être mourra, le jour où l'objet se brisera ou me sera volé, je serai plongé dans le malheur. Ne pas s'attacher est une précaution fondamentale du stoïcisme, et là aussi beaucoup d'exercices ont été inventés dans les écoles pour y travailler. Bien entendu, il faut préciser que cette pratique du « non-attachement » n'implique aucune attitude de mépris ou d'indifférence. Comme les bouddhistes, les stoïciens n'ont cessé de cultiver les valeurs de l'amitié et de la compassion pour autrui. Mais ils nous invitent à les pratiquer hors des effets négatifs de ces liens qui se tissent au cours de la vie et qui nous ôtent liberté et sérénité.

Là encore, je ne dis pas que je partage leur vision des relations humaines (je vois mal, à vrai dire, comment ne pas s'attacher aux êtres que nous aimons, sauf à renoncer à l'amour). Mais à tout le moins, elle nous incite à une réflexion qui peut, il me semble, être parfois précieuse…

« Ne s'attacher ni aux êtres ni aux choses est une précaution fondamentale du stoïcisme. »

Citons, à cet égard, un petit texte d'Épictète que les maîtres tibétains auraient d'ailleurs pu signer :

> Le premier et principal exercice, celui qui mène d'emblée aux portes du bien, c'est, lorsqu'une chose nous attache, de considérer qu'elle n'est pas de celles qu'on ne peut pas nous enlever, qu'elle est du même genre qu'une marmite ou une coupe de cristal, dont on ne se trouble pas quand elle se brise, parce qu'on se rappelle ce qu'elle est – c'est-à-dire quelque chose de fragile qui peut disparaître d'une seconde à l'autre. Il en est de même ici. Si tu embrasses ton enfant, ton frère ou ton ami, ne t'abandonne pas sans réserve à ton imagination. Rappelle-toi que tu aimes un mortel, un être qui n'est aucunement toi-même. Il t'a été accordé pour le moment, mais pas pour toujours, ni sans qu'il puisse t'être enlevé. Quel mal y a-t-il à murmurer entre ses dents, tout en embrassant son enfant : « Demain, il mourra ? »

Voilà un exercice de sagesse : se dire, quand on embrasse son fils ou sa fille, qu'on aime infiniment par ailleurs, qu'il peut mourir demain. Dès qu'un être est né, il est assez vieux pour mourir. Encore une fois : ce « Ne nous attachons pas ! » ne veut pas dire « Soyons indifférents ! » Les stoïciens ont développé une très belle philosophie de l'amitié, et ils recommandaient vivement la générosité, le souci des autres, mais pas l'attachement. C'est évidemment une exigence très difficile à mettre en œuvre [**11**]. Comme ne cesse d'y insister le Dalaï-Lama, le véritable sage, pour ne pas s'attacher, a hautement intérêt à vivre seul – du grec *monos* : qui a donné « moine » et « monastère » en français – s'il ne veut pas céder aux inévitables attachements qu'engendre la vie familiale. Il est bien difficile d'avoir des enfants sans s'attacher à eux. Serait-ce, du reste, vraiment souhaitable ? La pratique du non-attachement doit se mettre en place dans une certaine forme de solitude, grâce à des exercices de sagesse appropriés à la vie monastique ou, du moins, à la vie d'ermite.

« La critique majeure adressée aux stoïciens est l'accusation de "quiétisme" : le stoïcisme serait une philosophie d'esclaves, qui refuse la révolte et conforte l'ordre établi, si injuste soit-il. »

La pensée stoïcienne par-delà les critiques

La pensée stoïcienne va traverser toute l'histoire de la philosophie. On en retrouve certains aspects chez Montaigne ou chez Descartes. La philosophie de Nietzsche, pourtant souvent très critique à l'égard des stoïciens, reprendra certaines de leurs idées fondamentales, à commencer par celle de l'*amor fati,* de l'amour du *fatum* (l'amour de ce qui est là, du destin au sens de ce qui est devant nous, de ce qui est présent ici et maintenant autour de nous).

Pour une critique du stoïcisme : l'argument du bourreau

S'il est une critique souvent adressée aux stoïciens, c'est bien celle qui repose sur l'accusation de « quiétisme », c'est-à-dire d'acceptation du monde tel qu'il est, même s'il est injuste et faux. Le stoïcisme serait, de ce point de vue, une « philosophie d'esclaves », une pensée qui non seulement refuse la révolte, mais, bien au contraire, accepte et conforte l'ordre du monde quelque injuste qu'il soit. Comme on le fera à nouveau pour Spinoza, on objecte aux stoïciens, dans cette perspective, le célèbre « argument du bourreau » : s'il faut aimer le monde tout entier – *amor fati* –, s'il faut dire « oui » au destin, être un petit chien qui suit le chariot et ne se révolte pas, alors, étant donné qu'il y a dans le monde des bourreaux, des tortionnaires, des assassins, des méchants, des nazis, cela implique qu'il faut aimer aussi les bourreaux, qu'il faut aussi aimer Hitler, qu'il faut aussi aimer le maître qui brise la jambe d'Épictète. Est-ce possible et, surtout, est-ce vraiment souhaitable ? Telle est, formulée très simplement, l'objection qu'on élèvera souvent contre le stoïcisme et, pour les mêmes raisons, contre le spinozisme.

Ce fameux argument du bourreau, soulevé dès l'époque stoïcienne, a évidemment beaucoup gêné les stoïciens. Je dois vous avouer que si je ne suis pas stoïcien, ni spinoziste, c'est qu'en vérité je trouve que ce fameux argument, bien que banal, est finalement, par quelque bout qu'on l'envisage, tout à fait justifié : si l'on doit en toute circonstance dire « oui » au réel, si on doit pratiquer en tout l'*amor fati*, alors je vois mal, en effet, quel sens peut avoir la révolte contre l'injustice ou contre les crimes contre l'humanité. Et s'il s'agit seulement de dire oui au monde quand il est aimable et sympathique, à quoi bon être stoïcien ? Tout le monde en fait autant sans nul besoin d'artifices philosophiques sophistiqués ! Le stoïcisme, à mes yeux, n'est guère convaincant en dernière instance, du moins sur ce point (qui est fondamental). Mais il reste une tentative grandiose et passionnante de définir la vie bonne, la sagesse, le sens de la vie, sans passer par la religion, ni par Dieu, ni par la foi – en se souvenant toujours, comme dit Épictète, que nous sommes des mortels, mais que, malgré cela, la vie dans la sérénité, la vie qui a vaincu les peurs, et notamment la peur de la mort, demeure un idéal de sagesse. Je ne suis pas sûr que le stoïcisme nous y conduise vraiment, mais la tentative reste en elle-même une sorte de guide pour la réflexion à venir.

DU STOÏCISME COMME ABOUTISSEMENT D'UNE CERTAINE TRADITION PHILOSOPHIQUE GRECQUE : CELLE DES COSMOLOGIES OU DES « SAGESSES COSMIQUES »

La pensée stoïcienne marquera de manière décisive l'histoire de la pensée, parce qu'elle est à bien des égards l'aboutissement d'une grande tradition grecque, la tradition des sagesses cosmologiques, de ces sagesses qui définissent la vie bonne comme une vie en harmonie avec l'ordre cosmique, donc sans passer par Dieu ni par la foi comme le font les grandes religions. Elle nous lègue ainsi une vraie philosophie, une spiritualité ou une sagesse laïques. C'est probablement là le plus important dans la pensée stoïcienne, en dehors du fait qu'un certain nombre d'exercices de sagesse, me semble-t-il, peuvent garder une certaine pertinence dans la vie de tous les jours.

On peut adhérer à certains pans d'une pensée philosophique sans être obligé de l'accepter dans sa totalité. J'en reviens toujours à cette métaphore : les grands systèmes philosophiques – ou les grandes visions du monde philosophiques, si on ne veut pas employer le terme de « système », qui est une notion moderne, très connotée métaphysiquement – sont comme des palais magnifiques, comme des châteaux qu'il faut prendre le temps de visiter avant de les critiquer. J'espère vous avoir donné ici quelques clés pour vous repérer dans cette grande spiritualité laïque qu'est malgré tout la pensée stoïcienne.

« À l'opposé de la philosophie stoïcienne, l'épicurisme pense que le monde est tout sauf un cosmos : c'est un tissu d'atomes totalement incohérent, qui n'a rien d'harmonieux. »

L'ÉPICURISME : UNE CONTRE-PHILOSOPHIE ANTI-STOÏCIENNE

ÉPICURE ET LUCRÈCE

Voyons maintenant ce qu'il en est de l'épicurisme, c'est-à-dire de la pensée d'Épicure, mais aussi de son plus génial disciple, Lucrèce. Nous savons très peu de chose de leur vie. Épicure est né en 342 avant J.-C., il a fondé une école qui s'appelle le « Jardin » – à nouveau, c'est le lieu où il enseignait qui est par là désigné.

Lucrèce, lui, est né au Ier siècle avant J.-C., mais on ne sait à peu près rien de lui – sinon que son poème *De la nature des choses* (*De rerum natura*) est proprement génial. Certains ont prétendu qu'il s'était suicidé : c'est possible, mais nullement certain. Il se peut qu'il s'agisse encore d'une de ces anecdotes plus philosophiques qu'historiques qui signifierait, par exemple, qu'il était plus pessimiste et désespéré que son maître Épicure. En vérité, on n'en sait rien. À nouveau, nous ne disposons que de bribes de biographie livrées par les doxographes tardifs.

L'ATOMISME CONTRE L'HARMONIE DU COSMOS

La philosophie épicurienne, qui, sur le plan de la *théôria*, s'inspire de l'atomisme de Démocrite, constitue une véritable contre-culture par rapport à la philosophie stoïcienne. Stoïciens et épicuriens se critiquent mutuellement [**12**], parfois avec férocité, ce qui ne les empêche d'ailleurs pas d'avoir quelques thèmes en commun, notamment touchant la question de l'*amor fati*, de la vie au présent, hors des maux du passé et du futur, que nous venons d'évoquer. Sur le plan théorique, sur le plan de la philosophie de la connaissance, ce qui va caractériser l'épicurisme en général, c'est l'idée que le monde est tout sauf un cosmos, tout sauf un ordre harmonieux et plein de sens : c'est au contraire un tissu d'atomes totalement incohérent, qui n'a rien d'harmonieux, rien de juste, rien de beau, rien de bon. Nous avons donc là une philosophie de la connaissance, une physique qui se situe totalement à l'opposé de la philosophie stoïcienne.

L'atomisme, c'est l'idée que nous avons affaire, lorsque nous ouvrons les yeux sur le monde, à des agrégats, à une série d'atomes qui s'agrègent les uns aux autres de manière aléatoire, contingente et hasardeuse. Il n'y a aucun ordre dans tout cela, aucune logique, rien de divin – en quoi l'épicurisme est bien une espèce de contre-culture par rapport à toute la tradition cosmologique qui va de Parménide aux stoïciens en passant par Platon et Aristote. On peut noter d'ailleurs qu'à toutes les époques de l'histoire de la philosophie on trouvera toujours des contre-philosophies – des déconstructions, dirait-on aujourd'hui, du système dominant : des matérialistes opposés aux idéalistes, des empiristes dénonçant les illusions des spiritualistes, des pessimistes qui pourfendent les optimistes de la raison et des Lumières, des généalogistes qui se méfient des discours de surface, etc.

Cette différence essentielle sur le plan théorique entre épicuriens et stoïciens comporte un enjeu moral lui aussi essentiel – comme toujours dans la philosophie grecque, la théorie ne fait pratiquement que préparer la vision morale du monde –, et cet enjeu, c'est l'idée de liberté. Comme le monde est hasard – un « tissu de hasards », si je puis employer cette expression –, comme l'univers est complètement contingent, la liberté est possible chez les épicuriens là où elle ne l'était pas chez les stoïciens : il y a une place pour quelque chose comme le libre arbitre chez Épicure et Lucrèce.

Les principes de la morale épicurienne

Mais venons-en tout de suite à la morale épicurienne, qui est au fond l'essentiel dans cette philosophie, avec la sotériologie, la doctrine de la sagesse et du salut qui la prolonge : elle repose, comme nous allons voir, sur trois grandes séries de principes.

La première série tient dans ce que l'on appelle parfois le « quadruple remède », qui fait de la philosophie une thérapeutique, une sorte de médecine qui est à l'âme ce que la médecine ordinaire est au corps.

Le quadruple remède

Ce quadruple remède commence avec l'affirmation, développée par Épicure, que les dieux ne sont pas à craindre parce qu'ils ne s'occupent pas des humains : ils sont parfaits, ils vivent là-haut, chez eux, et ils ne s'abaissent surtout pas à s'occuper des mortels. Contrairement à ce qu'on dit parfois, Épicure n'est pas athée : il pense que les dieux existent bel et bien, comme tous les Grecs, d'ailleurs, mais les dieux existent chez eux, pas chez nous !

Comme nous le verrons dans un instant, c'est également une philosophie selon laquelle la mort ne doit pas effrayer les humains. Le sage va même se définir comme celui qui n'a plus peur de la mort – et l'on verra que, sur ce point, justement, Lucrèce, bien que fidèle disciple, n'est pas sur la même longueur d'onde que son maître. Deux autres préceptes figurent dans cette première série : le bien est facile à acquérir, parce qu'il est simple et naturel, le mal est facile à supporter, parce qu'il ne dure jamais très longtemps.

Les deux premiers principes énoncés ici visent la victoire sur les peurs : on n'a pas à craindre les dieux ni la mort. Le deuxième volet signifie que, le bien étant facile à acquérir et le mal facile à éviter, on doit pouvoir parvenir au bonheur assez simplement. Il n'est pas très difficile d'être heureux ou, en tout cas, de vivre dans la sérénité. Voilà donc la première série de principes : ce sont ces quatre fameux remèdes.

La question du plaisir

La deuxième série permet de compléter et, surtout, de comprendre la première (ce pourquoi je ne m'y suis pas arrêté davantage : sa clé de compréhension vient maintenant). Elle touche à la question du plaisir. On sait qu'« épicurien », dans le langage ordinaire, non philosophique, renvoie à l'idée d'une culture du plaisir. Nous allons voir que ce n'est pas tout à fait l'opposé, mais pas loin : en réalité, l'épicurisme est une philosophie de la frugalité. En tout cas, il ne cultive pas le plaisir au sens où nous l'entendons d'ordinaire et, contrairement à ce que l'on dit déjà à l'époque, les épicuriens sont tout sauf des « pourceaux ».

Ce sont au contraire des philosophes qui se contentent de faire l'apologie des satisfactions les plus simples et les plus naturelles. Ils distinguent trois types de plaisirs : les plaisirs naturels et nécessaires (répondre à la faim et à la soif, par exemple) ; les plaisirs naturels, mais pas tout à fait nécessaires (la sexualité, naturelle mais pas absolument nécessaire, si ce n'est à la reproduction de l'espèce : elle fait donc partie de l'acceptable) ; les désirs non naturels et non nécessaires (on est là dans l'artifice, dans ce qu'on appellerait aujourd'hui la « société de consommation », dans le « consumérisme » que l'épicurisme, pour des raisons métaphysiques très profondes que nous allons aborder dans un instant, récuse totalement).

« La mort n'est rien pour nous »

Cette philosophie des plaisirs les plus simples et les plus naturels ne tombe pas au hasard. Il ne s'agit pas d'une opinion, d'une lubie, elle est liée à une réflexion très profonde sur la mort : c'est là le troisième volet, à savoir l'idée que la mort est facile à supporter ou, plutôt, que la peur de la mort est facile à vaincre et ne doit pas nous habiter pourvu que nous soyons du moins capables de nous élever jusqu'à la véritable sagesse. Épicure, dans la *Lettre à Ménécée* – un des rares textes que nous ayons conservés de lui –, développe une argumentation très célèbre [13]. Je vous cite le texte d'Épicure lui-même :

> Le plus effroyable des maux, la mort, n'est rien pour nous, étant donné, précisément, que quand nous sommes, la mort n'est pas présente ; et que, quand la mort est présente, alors nous ne sommes pas.

Voilà bien l'argument central : je ne dois pas avoir peur de la mort puisque, quand je suis vivant, la mort n'est pas là, et quand je suis mort, la mort est là, mais moi je n'y suis plus ! Comme nous allons voir aussi dans un instant, cette argumentation, ici présentée de façon sèche et, à ce titre, il faut bien le dire, fort peu convaincante, recouvre en réalité une vision morale du monde d'une très grande profondeur métaphysique.

La première critique de la société de consommation et de divertissement

Car, bien évidemment, si l'on se contentait de résumer l'épicurisme par ces trois séries de principes ainsi énoncées de manière abstraite et toute formelle (les quatre remèdes, les trois types de plaisirs et l'idée que la mort n'est par définition rien pour nous), il pourrait paraître assez banal et, pour tout dire, assez peu puissant.

Qu'est-ce qui a pu donc donner tant de charme à cette philosophie ? Qu'est-ce qui a pu faire qu'il y ait eu des épicuriens si fanatiques, si admirateurs du maître qu'ils gravaient sur les murs des maisons bourgeoises les lettres d'Épicure et ses maximes ? C'est d'ailleurs grâce à eux qu'on a retrouvé des textes entiers d'Épicure et qu'on peut les lire encore aujourd'hui.

Derrière cette apparente simplicité se cache en vérité quelque chose de beaucoup plus intéressant. C'est surtout chez Lucrèce, dans son magnifique poème, que nous trouvons l'exposé le plus profond des arguments et des principes qui sont derrière l'énoncé des simples formules que je me suis contenté de retranscrire tout à l'heure.

Trois grandes idées sont développées dans cette œuvre merveilleusement écrite, parfois infiniment touchante, encore pour nous, aujourd'hui. Je vous conseille d'ailleurs de la lire dans la belle traduction (il s'agit d'extraits, mais significatifs) qu'en donne André Comte-Sponville, dans un livre intitulé *Le Miel et l'Absinthe*, qui est un commentaire de Lucrèce. Ce titre vient de ce que l'on mettait du miel autour du verre pour faire avaler les remèdes aux enfants, afin que cela ne soit pas trop amer. *Le Miel et l'Absinthe* : c'est à cela que ressemble la vie selon Lucrèce.

La spirale des plaisirs artificiels nous rapproche de la mort

La première idée part de la question suivante : pourquoi accorder une telle importance à cette classification des plaisirs et des désirs (les naturels et nécessaires ; les naturels et non nécessaires ; les non-naturels et non-nécessaires) ? Pourquoi les épicuriens considèrent-ils ce troisième ordre des plaisirs artificiels comme une catastrophe absolue ? Réponse : parce qu'ils nous font entrer dans une spirale de la consommation qui nous mène à la limite jusqu'à la folie. C'est là, à ma connaissance, la première grande critique, dans l'histoire des idées, de l'univers de la consommation.

Lucrèce développe admirablement ce thème, que l'on retrouvera chez Pascal comme chez Schopenhauer, selon lequel le monde de la consommation artificielle, de ces plaisirs qui ne sont ni naturels ni nécessaires, nous entraîne tout simplement… vers la mort.

Suivons la ligne principale de son argumentation. Tout d'abord, Lucrèce observe que cette consommation se développe chez les riches, et même qu'ils acquièrent la richesse pour pouvoir consommer. Pourquoi ? C'est une manière de se rassurer face à la peur de la mort, en éliminant tout ce qui, dans la vie, y ressemble déjà : la misère, la pauvreté, voire, autant qu'il est possible par l'argent, la souffrance et la maladie. On s'imagine que, grâce à la richesse, on pourra mettre de côté cette mort qui nous menace d'autant plus dans la vie que l'on est pauvre et miséreux. Voilà ce que pense, consciemment ou non, le riche selon Lucrèce.

La peur de la mort est donc ce qui nous pousse vers le « divertissement », pour parler comme Pascal, vers la consommation artificielle. Pourtant, cette consommation artificielle nous rend en réalité encore plus mortels que jamais, car la logique de la consommation ressemble à l'addiction. Qu'est-ce qu'un drogué ? C'est quelqu'un qui, passé un certain seuil, ne peut s'empêcher d'augmenter les doses et de rapprocher les prises. Lucrèce le dit presque dans ces termes. Celui qui est drogué à la consommation est à l'image de ces enfants qui convoitent un jouet, puis, le possédant enfin, jouent avec lui dix minutes avant de le jeter dans un coin pour prendre un autre jouet, puis un troisième, puis un quatrième : il passe d'objet en objet, comme don Juan passe de femme en femme, prisonnier de la logique de la consommation. Mais, sans qu'il s'en aperçoive, cette course au bonheur lui interdit la véritable sérénité. Pourquoi ? Parce qu'il ne peut jamais habiter le présent.

Vous voyez ici comment, malgré tout ce qui sépare les épicuriens des stoïciens, ils partagent finalement cette idée que le sage est celui qui parvient à vaincre les deux maux qui pèsent sur la vie humaine : le passé et le futur. Le sage, c'est celui qui parvient à habiter le présent, à habiter l'instant qui n'est plus relativisé par le passé et par le futur et qui, par conséquent, devient comme un fragment d'éternité. Pour ce faire, pour pouvoir vivre comme Ulysse dans l'instant présent distendu par les dieux, il faut justement ne pas entrer dans la logique de ces plaisirs tout artificiels qui nous ancrent dans une temporalité évanescente, celle de la fuite en avant.

L'insatisfaction perpétuelle

Voici la deuxième idée qui domine cette vision du monde : lorsqu'on est dans l'addiction, la vie ressemble, nous dit Lucrèce, au tonneau des Danaïdes – on ne peut jamais être satisfait. On n'est jamais satisfait de ce qu'on a et, en revanche, on désire sans cesse ce qu'on n'a pas. Comme les Danaïdes, on est toujours dans l'insatisfaction [14]. Les Danaïdes, je vous le rappelle, ce sont les cinquante filles de Danaos. Quarante-neuf d'entre elles ont cédé à l'injonction de leur père, qui leur ordonne de tuer, pendant leur nuit de noce, les cinquante cousins qu'elles doivent épouser. Elles sont punies aux Enfers, dans l'Hadès : elles doivent remplir indéfiniment une jarre percée qui se vide continuellement. C'est là le fameux « tonneau des Danaïdes ». L'homme riche, qui cède à la logique de la consommation, est lui aussi dans l'insatisfaction permanente, y compris si l'on se place du seul point de vue du plaisir. Non seulement il est animé par la peur de la mort, mais en outre celle-ci est paradoxalement renforcée par le type de vie consumériste qu'il adopte, de sorte qu'il est un perpétuel insatisfait, un perpétuel angoissé. Il est dans l'illusion la plus funeste, dans la vanité des vanités que stigmatise Lucrèce dans ce passage de son poème :

> Tel s'est précipité hors sa vaste demeure, lassé d'être chez lui, puis soudain y retourne, ne sentant aucun mieux à s'ennuyer dehors. Il presse le pas, court, harcèle sa monture, comme allant au secours de sa maison en flamme. Le seuil à peine atteint, il se met à bâiller, tombe en un lourd sommeil pour y chercher l'oubli, à moins qu'il ne se hâte à nouveau vers la ville. Chacun cherche à se fuir, personne n'y parvient. Et puis l'on tourne en rond, dans le cercle de vivre, où nul plaisir nouveau ne peut plus nous surprendre. Tant que nous n'avons pas l'objet tant convoité, le manque fait son prix. L'avons-nous obtenu, c'est un autre aussitôt que visent nos désirs.

Voyez à quel point l'image de l'épicurien pourceau, qui cultive les désirs les plus raffinés, est loin de la réalité – il en va un peu de l'épicurisme comme du « machiavélisme » : on oublie que Machiavel était probablement tout sauf machiavélique. Les épicuriens sont de vrais sages, convaincus de l'idée qu'il faut savoir habiter le présent en se débarrassant de ces deux illusions qui pèsent sur la vie humaine : le passé et le futur, peuplés de « passions tristes ».

Vaincre la peur de la mort

La troisième grande idée qui domine la sotériologie de l'épicurisme est que cette peur de la mort doit être vaincue non seulement par le fameux raisonnement qu'on a déjà évoqué (lorsque la mort est là, je ne suis plus là ; lorsque je suis là, elle n'est plus là), mais aussi par des exercices de sagesse, comme chez les stoïciens. Voyez, là encore, que, malgré les grandes oppositions qu'il peut y avoir entre stoïciens et épicuriens sur le plan théorique, il demeure cependant ce point d'accord. Là aussi, on est dans une école – le « Jardin » d'Épicure – où l'on pratique concrètement la sagesse, où il s'agit d'apprendre à vivre et pas seulement à parler.

LUCRÈCE, ÉPICURIEN PESSIMISTE ?

Je voudrais évoquer encore un aspect de l'épicurisme qui a suscité bien des commentaires. Chacun, en lisant les textes d'Épicure et ceux de Lucrèce, peut noter une différence notable, au moins de tonalité, entre les deux. Elle n'a cessé d'étonner depuis des siècles, dans la mesure où Lucrèce a toujours affirmé qu'il était épicurien, qu'il était un disciple absolument loyal, admiratif et fidèle d'Épicure. Il ne cesse même de le comparer à un dieu, il l'appelle « le Sauveur » parce qu'il tient que la philosophie d'Épicure nous sauve enfin de la peur de la mort **[15]**. Notons au passage, pour ceux qui n'en seraient pas encore tout à fait convaincus, combien il est clair que la philosophie ainsi entendue dans toute sa profondeur est bien une sotériologie, une doctrine du Salut (évidemment sans dieu, puisque Épicure, le sauveur, n'est qu'un humain).

Lucrèce vénère Épicure mais doute de l'épicurisme

Lucrèce semble pourtant, sinon en théorie, du moins dans la tonalité de son poème, infiniment loin de l'optimisme d'Épicure. Il émet sans cesse, dans son écriture même, un doute quant aux capacités de l'épicurisme à nous rassurer face à la mort. La fameuse formule : « Quand la mort est là, je ne suis pas là ; quand je suis là, elle n'est pas là », qui devrait nous permettre, par le raisonnement, de parvenir à la sérénité, est-elle bien suffisante ? À vrai dire, je doute fortement, comme Lucrèce, qu'elle ait jamais convaincu un seul être humain sur cette terre…

André Comte-Sponville, dans le commentaire qui accompagne sa traduction de longs extraits du poème de Lucrèce, écrit ceci, sur la différence entre Lucrèce et Épicure et, notamment, sur cet appel à vivre comme un dieu qui est le cœur du cœur de la doctrine du Salut épicurienne :

> « Vivre comme un dieu parmi les hommes » – c'est la formule d'Épicure, c'est la formule de Lucrèce, c'est la sagesse même. Débarrassé de la mort ? C'est l'idéal de la sagesse ou la sagesse comme idéal. Et Lucrèce, sans doute, y a cru, s'agissant d'Épicure, mais sans prétendre l'avoir lui-même vécu. Au reste, qui parmi nous peut y atteindre ? Qui peut s'y installer durablement ? Cette sagesse n'est qu'une exception, si tant est qu'elle soit possible, ou qu'un leurre. Laissons les dieux à leurs inter-mondes ou à nos rêveries. Vivre comme un homme parmi les hommes, c'est le seul objectif qui ne mente pas. L'humanité n'est pas une maladie dont il faudrait se guérir, ni un Salut qu'il faudrait atteindre. Elle est le point de départ et le point d'arrivée, le chemin et le but. Il ne s'agit pas d'échapper à l'humanité, il s'agit d'échapper à l'angoisse, au malheur, à la superstition, à la maladie, non d'être homme ou mortel, mais de ne pouvoir point l'accepter.

Lucrèce nous invite à accepter le statut de mortel

Au fond, la différence entre Lucrèce et Épicure, c'est peut-être cela : Épicure pense vraiment qu'on peut dépasser le statut de mortel et vivre comme un dieu ; Lucrèce nous invite seulement à accepter le statut de mortel, ce qui n'est pas tout à fait la même chose. C'est aussi la raison pour laquelle ses biographies légendaires affirment que Lucrèce se serait suicidé. Ce qui revient à dire que, chez lui, la philosophie d'Épicure, cette philosophie de la victoire sur la « mort n'est rien pour nous », n'aurait pas fonctionné. Il se serait donc suicidé par incapacité à parvenir à cette sagesse divine, à cette sagesse trop lointaine pour les simples humains.

Marcel Conche, l'un des grands commentateurs de Lucrèce et d'Épicure, raconte dans un de ses livres comment il pensait naïvement avoir réussi à vaincre la peur de la mort grâce à la philosophie. Mais le jour où le médecin lui apprit qu'il était atteint d'un cancer, il découvrit qu'il était sans doute beaucoup plus proche de Lucrèce que d'Épicure : cette victoire sur la mort, l'idée que la mort n'est rien pour nous, malgré le caractère apparemment rationnel de l'argumentation, n'a guère d'effet devant la parole redoutable ou rassurante du médecin. Petite réflexion critique, en guise de conclusion, qui n'enlève rien au fait que l'épicurisme est, comme le stoïcisme, une grande et belle spiritualité laïque, une tentative grandiose pour définir la vie bonne sans passer par les dieux ni par la foi.

ÉLÉMENTS BIOGRAPHIQUES : STOÏCIENS ET ÉPICURIENS

La « période hellénistique » – c'est-à-dire la période de l'histoire grecque que, par convention, l'on fait commencer avec Alexandre le Grand, à la fin du IVe siècle avant J.-C., et s'achever à l'aube de l'époque impériale de l'histoire romaine, en l'an 30 avant J.-C. (date de la victoire à Actium du futur empereur Auguste sur Marc Antoine et Cléopâtre) – a été dominée au plan philosophique par quatre grands courants, qui avaient comme foyers les quatre écoles fondées respectivement par Platon (l'Académie), par Aristote (le Lycée), par Épicure (le Jardin) et par Zénon (le Portique, la *Stoa*). Ces quatre écoles, comme lieux d'enseignement et institutions chargées de promouvoir un mode de vie et de pensée philosophique, demeureront vivantes durant près de trois siècles. Les deux dernières venues se caractérisent par leur caractère moins élitiste que l'Académie et le Lycée : l'épicurisme et le stoïcisme s'adressent en effet à tous les hommes, riches ou pauvres, libres ou esclaves, ce qui contribue à expliquer leur succès.

Une anecdote fameuse relate l'origine de l'école stoïcienne. La scène se déroule vers –311, une dizaine d'années après la mort d'Aristote. Un jeune négociant phénicien, Zénon de Cittium (336-264 av. J.-C.), né sur l'île de Chypre, se trouva contraint, après avoir fait naufrage près du Pirée, de tuer le temps en se promenant dans les rues d'Athènes. Il passa devant la boutique d'un libraire qui lisait à haute voix le deuxième rouleau des *Mémorables* de Xénophon, où il est longuement question de Socrate. Subjugué par ce qu'il venait d'entendre, il demanda au libraire où il pouvait trouver des hommes de la trempe de Socrate. Celui-ci lui montra un philosophe qui, justement, passait dans la rue, près de la boutique. C'est ainsi que Zénon se mit à suivre l'enseignement de Cratès, un disciple de Diogène le cynique, avant de fonder lui-même quelques années plus tard, à l'âge de quarante-deux ans, sa propre école, qu'il établit au lieu dit le « Portique des peintures » (en grec, *Stoa poïkilè*) – d'où le nom de « stoïciens » donné aux disciples de Zénon, et le fait de désigner son système philosophique par l'expression « le Portique ».

Outre Zénon, sont considérés comme les pères fondateurs du stoïcisme ses successeurs immédiats à la direction du « Portique », Cléanthe d'Assos (vers 331-232 av. J.-C.) et Chrysippe de Soloi (vers 280-200 av. J.-C.). Les trois hommes furent sans doute des auteurs prolifiques, mais de leurs œuvres, il ne reste à peu près rien, si ce n'est quelques fragments tels que l'*Hymne à Zeus* de Cléanthe, que citait encore saint Paul deux siècles et demi plus tard, dans son discours à l'Aréopage (Actes des apôtres, XVII, 28). Ce que nous savons – ou croyons savoir – d'eux, nous le tenons essentiellement des « doxographes », ces auteurs dont le mérite principal au regard de la postérité est d'avoir rapporté les opinions des penseurs illustres : Plutarque (vers 46-120 apr. J.-C.), qui est plus qu'un simple doxographe, mais un esprit encyclopédique d'orientation platonicienne, critique à l'égard des stoïciens et des épicuriens dont il examine les doctrines ; Diogène Laërce, dont on ne connaît rien de la biographie si ce n'est qu'il vécut au début du IIIe siècle après J.-C., est l'auteur d'un ouvrage intitulé *Vie, doctrines et sentences des philosophes*.

Le stoïcisme doit sa glorieuse postérité à l'accueil que lui a réservé le monde romain, où il devait s'épanouir, dans le cadre d'abord de ce que les érudits modernes vont appeler le « moyen stoïcisme » – par contraste avec l'« ancien stoïcisme », celui des pères fondateurs –, puis, surtout, avec le « stoïcisme impérial ». En s'emparant de la Grèce et de ses anciennes dépendances, Rome allait s'approprier la culture hellénistique, offrant aux philosophes grecs un nouveau « débouché », et au stoïcisme – la philosophie par excellence aux yeux des Romains – une sphère d'influence absolument inédite. On voit ainsi apparaître, au cours du second siècle avant notre ère, une appétence pour la culture grecque au sein de l'élite romaine. C'est un petit cercle cultivé formé vers -160 autour de Scipion Émilien qui accueillit, autour de -145, le philosophe Panaitios (en latin Panétius) de Rhodes (185-112 av. J.-C.). Panétius partagea sa vie entre Rome et Athènes, où il eut un disciple, le Syrien Poséidonios (ou Posidonius) d'Apamée (135-51 av. J.-C.), qui obtint lui aussi les faveurs des Romains. Celui-ci avait fondé une école dans l'île de Rhodes, que fréquenta durant une année Cicéron, en 78-77 avant J.-C. Grand orateur et homme politique du temps de la République finissante, théoricien de l'éloquence et de la politique, Cicéron (106-43 av. J.-C.) eut une existence mouvementée et connut une fin tragique, égorgé par les hommes de main de Marc Antoine. Homme de grande culture, il avait acquis une formation philosophique intégrant l'influence de toutes les écoles de la période hellénistique. C'est toutefois l'influence stoïcienne qui prédomine au sein de sa production philosophique, qui commença, semble-t-il, à partir de 55-54 avant J.-C., alors qu'il avait atteint la cinquantaine. À la différence des deux précédentes figures du « moyen stoïcisme », l'œuvre de Cicéron, considérable, a été en grande partie conservée.

Le stoïcisme va connaître son siècle d'or un peu plus tard, durant la période qui s'écoule entre Néron et Marc Aurèle, entre 54 et 180 de notre ère. C'est le temps du « stoïcisme impérial », le temps de ces grands stoïciens – Sénèque, Épictète et Marc Aurèle – auxquels nous pouvons accéder directement par la lecture de textes qui ont été conservés. Sénèque (vers l'an 1-65 apr. J.-C.), issu d'une famille de riches notables, est né à Cordoue, en Andalousie, qui était alors une province romaine. Monté très jeune à Rome pour y étudier et y faire carrière, Sénèque se convertit et se forma à la philosophie durant ses années de jeunesse avant de connaître, passé trente-cinq ans, une ascension politique tardive mais rapide, qui fut toutefois brisée par l'empereur Claude, lequel le contraignit à s'exiler en Corse. Cet exil dura huit longues années, avant qu'Agrippine, la mère du futur empereur Néron, ne le rappelât à Rome, en 49, afin qu'il y devînt le précepteur de son fils. À la mort de Claude, en 54, celui-ci accéda à la tête de l'empire, à l'âge de dix-sept ans. Auteur de tragédies, bénéficiant déjà de la gloire littéraire, Sénèque devint alors influent et très riche : il fut assurément l'homme le plus célèbre de son temps. Le règne de Néron connut cinq bonnes années avant de prendre une tournure despotique et dramatique. L'influence de Sénèque sur Néron fut sans doute positive, mais sa créature finit par lui échapper, puis par se retourner contre lui. Sénèque s'efforça de se retirer de la vie publique afin de se consacrer à la philosophie, rédigeant quelques traités ainsi que les lettres adressées à son ami et disciple Lucilius, procurateur impérial en Sicile. En 65, une conspiration visant l'assassinat de Néron fut déjouée. La répression s'abattit sur les sénateurs et les philosophes. L'empereur fit demander à son vieux maître de se donner la mort. Sénèque, qui avait longuement médité sur cette éventualité, s'exécuta, et mourut en philosophe devant son cercle d'amis.

Avec Épictète (vers 50-125/130 apr. J.-C.), qui avait autour de quinze ans à la mort de Sénèque, on change de monde social. Né à Hiérapolis, en Phrygie (Pammukale, dans la Turquie actuelle), Épictète est venu à Rome comme esclave d'Épaphrodite, un affranchi de Néron. Celui-ci autorisait cependant son esclave à suivre les cours du stoïcien Musonius Rufus. Une fois affranchi par son maître, Épictète s'installa à Rome comme professeur de stoïcisme. En 93-94, après que l'empereur Domitien eut décidé de chasser les philosophes de Rome, il s'établit à Nicopolis, en Épire, où il eut comme auditeur et disciple Arrien de Nicomédie – futur historien et brillant homme d'État romain –, dont les notes vont constituer ce que nous appelons les *Entretiens* d'Épictète ; quant au *Manuel*, il s'agit également d'une œuvre rédigée par Arrien, dans l'intention de composer une sorte d'anthologie des formules d'Épictète les plus nécessaires à une vie soucieuse de se conformer aux exigences du stoïcisme.

Tel Socrate en son temps, Épictète ne laissa aucune œuvre écrite mais fut considéré comme le plus grand maître stoïcien du IIe siècle. L'ancien esclave eut ainsi indirectement comme plus fameux disciple un empereur de Rome. Marcus Annius Vérus, le futur Marc Aurèle (121-180), reçut en effet de l'un de ses précepteurs, Junius Rusticus, des notes prises aux leçons d'Épictète – celles d'Arrien, ou peut-être même les siennes, car il est fort possible que le stoïcien Rusticus ait suivi l'enseignement d'Épictète. Converti à la philosophie durant sa jeunesse, vers 146-147, il devint empereur en 161, à l'âge de trente-neuf ans. La vie de Marc Aurèle, l'empereur-philosophe, ne fut pas de tout repos : sur dix-neuf années de règne, il connut dix-sept ans d'opérations militaires destinées à maintenir l'intégrité de son empire, et dut en outre faire face à des catastrophes naturelles (inondations du Tibre, tremblements de terre) ainsi qu'à une terrible épidémie de peste venue d'Asie. Cela ne laisse guère le loisir de produire une œuvre abondante.

Marc Aurèle n'ambitionnait pas de laisser une œuvre derrière lui, mais de vivre en philosophe. Ses méditations philosophiques, que nous lisons sous le titre vague de *Pensées*, ne s'adressent qu'à lui-même mais ne relèvent ni de la confession, ni du journal intime : il s'agit d'exercices spirituels codifiés destinés à favoriser les examens de conscience auxquels il se livrait quotidiennement afin de mettre sa vie et son action en accord avec la vision du monde et l'éthique stoïcienne.

Athènes, qui vit naître l'Académie, le Lycée et le Portique, fut également le berceau du « Jardin » d'Épicure. Né dans l'île de Samos, de parents athéniens établis comme colons, Épicure (341-270 av. J.-C.) est un contemporain de Zénon de Cittium. On raconte qu'il témoigna de l'originalité précoce de son esprit en protestant contre l'incapacité de ses maîtres d'école de lui expliquer le passage de la *Théogonie* d'Hésiode relatif au Chaos. Une recherche singulière – à l'écart de l'Académie et du Lycée, les deux principales écoles athéniennes – le conduisit à suivre Nausiphanès, un disciple de Démocrite – ce contemporain de Socrate connu pour être le premier penseur de l'atomisme. Quand le temps fut venu pour lui d'enseigner, Épicure établit d'abord son école à Mytilène, dans l'île de Lesbos, avant de se rendre à Lampsaque, en Asie mineure, où il demeura cinq ans. Il y obtint un succès tel qu'il entraîna avec lui un groupe de disciples lorsqu'il décida, vers -306, de s'installer définitivement à Athènes. Ils formaient une petite communauté, qui s'élargit au fil du temps et qui séjournait dans une propriété pourvue d'un parc qui devait donner son nom à l'école, le « Jardin ». Son organisation pratique était sans doute facilitée à la fois par l'extrême frugalité que préconisait l'épicurisme et par le fait qu'elle comprenait des « membres bienfaiteurs », disciples d'Épicure mais simples « auditeurs libres » appartenant à l'élite sociale et politique. Épicure vécut ainsi au sein de sa communauté amicale durant trente-cinq ans, jusqu'à sa mort, sans s'occuper de la vie publique, considérée comme un obstacle dont il fallait se détourner pour atteindre le bonheur du sage. Cela lui laissa le temps d'écrire une œuvre probablement considérable (quelque 300 volumes, selon Diogène Laërce), mais dont il ne reste que quelques fragments. Les textes conservés sont issus de la relation épistolaire qu'Épicure entretenait avec les « filiales » du Jardin établies par ses disciples, notamment en Asie mineure : subsistent ainsi trois lettres de caractère doctrinal adressées à Hérodote, à Pythoclès et à Ménécée (la plus célèbre, parce qu'il s'agit d'un véritable manifeste philosophique).

L'épicurisme essaima en milieu romain, sans doute en tempérant l'apolitisme du père fondateur. D'après Cicéron, le premier Romain à avoir écrit un traité de philosophie, un certain Amafinius, était un épicurien. On souligne fréquemment, comme témoignage de la ferveur missionnaire des disciples d'Épicure, le fait qu'un certain Diogène – qui vivait au Ier ou au IIe siècle après J.-C. – avait fait graver sur les murs de sa villa, située dans la ville d'Oinoanda (en Lycie, dans la Turquie actuelle), de gigantesques inscriptions reprenant les sentences du maître. De cet épicurisme romain, toutefois, un seul grand nom émerge, celui de Lucrèce (vers 98/94-55 av. J.-C.), un contemporain de Cicéron, qui le mentionne de manière allusive. Il eut l'idée originale de présenter la pensée d'Épicure sous la forme d'un poème – le célèbre *De la nature* (*De rerum natura*) – qu'il dédia à un homme politique de son temps, un certain Memmius. Le seul élément de sa biographie qui se soit conservé – mais peut-être est-il légendaire – est qu'il se serait suicidé autour de la quarantaine.

EXTRAITS

1. L'ordonnancement parfait de l'univers

Marc Aurèle, *Pensées pour moi-même*, VI, XXXVI-XL, trad. Mario Meunier, GF-Flammarion, 1992, p. 93-94.

L'Asie, l'Europe, coins du monde ; tout océan, une goutte d'eau dans le monde : l'Athos, une motte du monde ; le temps présent tout entier, un point de la durée. Tout est petit, inconsistant, en évanescence !

Tout provient de là-haut, directement mû par ce commun principe directeur, ou indirectement, par voie de conséquence. Ainsi donc, même la gueule du lion, même le poisson, et enfin tout ce qu'il y a de nocif, comme l'épine, comme la fange, sont des conséquences de tout ce qu'il y a là-haut de vénérable et de beau. Ne t'imagine donc pas que tout cela soit étranger au principe que tu révères ; mais réfléchis à la source d'où procèdent les choses.

Qui a vu ce qui est dans le présent a tout vu, et tout ce qui a été de toute éternité et tout ce qui sera dans l'infini du temps ; car tout est semblable et de même aspect.

Réfléchis souvent à la liaison de toutes choses dans le monde et à la relation des unes avec les autres. En un certain sens, elles sont toutes tressées les unes avec les autres, et toutes, par suite, sont amies les unes avec les autres.

L'une, en effet, s'enchaîne à l'autre, à cause du mouvement ordonné, du souffle commun et de l'unité de la substance.

Accommode-toi aux choses que t'assigna le sort ; et les hommes, que le destin te donna pour compagnons, aime-les, mais du fond du cœur.

Un instrument, un outil, un ustensile quelconque, s'il se prête à l'usage pour lequel il a été fabriqué, est de bon emploi et cela bien que le fabricateur soit alors absent. Mais, s'il s'agit de choses qu'assembla la nature, la force qui les a fabriquées est en eux et y demeure. Voilà pourquoi il faut l'en révérer davantage et penser que, si tu te conduis et si tu te diriges selon son bon vouloir, tout en toi sera selon l'intelligence. Il en est de même pour le Tout, tout ce qu'il fait est conforme à l'intelligence.

2. Le déterminisme

Marc Aurèle, *Pensées pour moi-même*, IV, XLIII-XLVI, *ibid.*, p. 67-68.

Le temps est comme un fleuve et un courant violent formé de toutes choses. Aussitôt, en effet, qu'une chose est en vue, elle est entraînée ; une autre est-elle apportée, celle-là aussi va être emportée.

Tout ce qui arrive est aussi habituel et prévu que la rose au printemps et les fruits en été ; il en est ainsi de la maladie, de la mort, de la calomnie, des embûches et de tout ce qui réjouit ou afflige les sots.

Tout ce qui vient à la suite est toujours de la famille de ce qui vient avant ; car, en effet, il n'en est pas ici comme d'une série de nombres ayant séparément et respectivement leur contenu nécessaire, mais c'est une continuité logique. Et, de même que sont coharmonieusement ordonnées les choses qui sont, les choses qui naissent manifestent, non une simple succession, mais un admirable apparentement.

Constamment se souvenir de cette pensée d'Héraclite : « La mort de la terre est de devenir eau, la mort de l'eau est de devenir air, et la mort de l'air, de se changer en feu, et inversement. »

Se souvenir aussi « de l'homme qui oublie où le chemin conduit ». Et de ceci encore : « Que les hommes, dans le commerce qu'ils entretiennent continuellement avec la raison qui gouverne le Tout, ne s'accordent pas toujours avec elle, et qu'ils regardent comme étrangers les événements qui chaque jour leur arrivent. » Et, en outre, qu'« il ne faut ni agir ni parler comme en dormant », car il nous semble alors que nous agissons aussi et que nous parlons, « ni comme des fils de menuisiers », c'est-à-dire par routine et comme nous l'avons appris.

3. Les « superstitions » des stoïciens

Épictète, *Manuel*, XXXII, trad. Emmanuel Cattin, GF-Flammarion, 1997, p. 79-80.

Quand tu te tournes vers la divination, rappelle-toi : tu ne sais pas ce qui adviendra, mais tu es là pour l'apprendre du devin, cependant tu sais en arrivant de quelle nature est l'événement, si du moins tu es philosophe. Si en effet il est du nombre des choses qui sont hors de notre portée, de toute nécessité il ne s'agit ni d'un bien ni d'un mal. N'emporte donc chez le devin ni désir ni aversion, et n'approche pas de lui en tremblant, mais avec la pensée distincte que tout ce qui adviendra est indifférent et n'est rien pour toi, quelle qu'en soit la nature il sera en ton pouvoir d'en user de belle façon – et cela, personne ne t'en empêchera. Avec confiance, ainsi, rends-toi auprès des dieux comme auprès de conseillers ; et pour le reste, lorsque le conseil t'a été donné, rappelle-toi quels conseillers tu as pris avec toi, et lesquels tu refuseras d'entendre si tu désobéis. Va consulter l'oracle, comme Socrate le jugeait convenable, dans les cas où tout le doute a rapport à l'issue, et où ni la raison ni aucune autre méthode n'offre de ressources pour embrasser d'un regard ce que l'on se propose ; en sorte que, lorsqu'il s'agira d'encourir un danger avec un ami ou pour la patrie, ne consulte pas l'oracle pour savoir s'il faut l'encourir. Et en effet : si le devin t'avertit que les augures sont mauvais, il est clair que cela veut dire la mort, ou la perte de quelque membre du corps, ou l'exil ; mais la raison choisit, même avec ces conséquences, d'aider l'ami et d'encourir le danger pour la patrie. Ainsi, sois attentif au plus grand des devins, au Pythien, qui chassa hors du sanctuaire celui qui n'avait pas porté secours à l'ami qu'on assassinait.

4. Les choses qui dépendent de nous et celles qui n'en dépendent pas

Épictète, *Manuel*, I-II, *ibid.*, p. 63-65.

Partage des choses : ce qui est à notre portée, ce qui est hors de notre portée. À notre portée le jugement, l'impulsion, le désir, l'aversion : en un mot, tout ce qui est notre œuvre propre ; hors de notre portée le corps, l'avoir, la réputation, le pouvoir : en un mot, tout ce qui n'est pas notre œuvre propre. Et si ce qui est à notre portée est par nature libre, sans empêchement, sans entrave, ce qui est hors de notre portée est inversement faible, esclave, empêché, étranger. Donc, rappelle-toi : si tu estimes libre ce qui par nature est esclave, et propre ce qui est étranger, tu seras entravé, tu prendras le deuil, le trouble t'envahira, tu feras des reproches aux dieux comme aux hommes, mais si tu estimes tien cela seul qui est tien, étranger, comme il l'est en effet, ce qui est étranger, personne, jamais, ne te contraindra, personne ne t'empêchera, à personne tu ne feras de reproche, tu n'accuseras personne, jamais, non, jamais tu n'agiras contre ton gré, d'ennemi, tu n'en auras pas, personne ne te nuira, car rien de nuisible non plus ne t'affectera. Donc, toi qui as de si hautes visées, rappelle-toi : il ne faut pas modérer ton mouvement pour les atteindre, mais complètement laisser aller certaines choses, et pour l'heure en ajourner d'autres. Mais si avec ces biens tu veux encore et le pouvoir et la richesse, d'abord tu n'obtiendras peut-être pas même ceux-ci, parce que tu vises aussi ceux-là, et de toute façon il est sûr que tu manqueras les biens qui seuls donnent liberté et bonheur. Donc, applique-toi à dire immédiatement à l'adresse de toute représentation pénible : « Tu es représentation, et non pas tout à fait le représenté. » Puis examine-la, et mets-la à l'épreuve des règles que tu détiens, surtout la première d'entre elles : concerne-t-elle ce qui est à notre portée ou ce qui est hors de notre portée ? Et si jamais elle concerne l'une des choses qui sont hors de notre portée, que la réponse soit à portée de main : « Ce n'est rien pour moi. »

Rappelle-toi que la promesse du désir est d'atteindre l'objet du désir, la promesse de l'aversion, de ne pas rencontrer l'objet d'aversion, et que celui qui dans le désir manque l'atteinte n'est pas heureux, celui qui dans l'aversion fait la mauvaise rencontre est malheureux. Si donc tu as en aversion cela seul, entre les choses qui sont à ta portée, qui va contre la nature, tu ne rencontreras rien de ce que tu as en aversion ; inversement si tu as en aversion maladie, mort ou pauvreté, tu seras malheureux. Ôte donc l'aversion de toutes les choses qui sont hors de notre portée, et retourne-la, parmi les choses qui sont à notre portée, vers ce qui va contre la nature. Quant au désir, pour l'heure supprime-le complètement ; si en effet tu désires l'une des choses qui sont hors de notre portée, il faut nécessairement que tu ne sois pas heureux, mais parmi celles qui sont à notre portée, toutes choses qu'il serait beau de désirer, aucune n'est présente encore. Fais usage des seules impulsion et répulsion, légèrement pourtant, avec réserve et sans contrainte.

5. Les idées et les jugements seuls dépendent de nous

Épictète, *Entretiens*, I, I, trad. Victor Courdaveaux, Didier, 1862, p. 3-4.

[…] La faculté qui se juge elle-même et juge tout le reste, […] la faculté rationnelle, […] est la seule qui nous ait été donnée pouvant se rendre compte d'elle-même, de sa nature, de sa puissance, de sa valeur quand elle est venue en nous, ainsi que de tous les autres modes d'exercice de l'esprit. Qu'est-ce qui nous dit en effet que l'or est beau, puisqu'il ne le dit pas lui-même ? évidemment c'est la faculté chargée de tirer parti des *idées*. Quelle autre juge la musique, la grammaire et toutes les autres branches de savoir, en apprécie l'emploi et indique le moment d'en faire usage ? nulle autre qu'elle.

Les dieux donc, ainsi qu'il convenait, n'ont mis en notre pouvoir que ce qu'il y a de meilleur et de plus excellent dans le monde, le bon usage des *idées*. Le reste, ils ne l'ont pas mis en notre pouvoir. Est-ce donc qu'ils ne l'ont pas voulu ? moi je crois que, s'ils l'avaient pu, ils nous auraient également faits maîtres du reste. Mais ils ne le pouvaient absolument pas. Car, vivant sur la terre, et enchaînés à un tel corps et à de tels compagnons, comment aurions-nous pu ne pas être entravés pour ce reste par les objets du dehors ?

Que dit Jupiter ? « Épictète, si je l'avais pu, j'aurais encore fait libres et indépendants ton petit corps et ta petite fortune. Mais, ne l'oublie pas, ce corps n'est pas à toi ; ce n'est que de la boue artistement arrangée. Comme je n'ai pu l'affranchir, je t'ai donné une partie de nous-même, la faculté de te porter vers les choses ou de les repousser, de les désirer ou de les éviter, en un mot, de savoir user des *idées*. Si tu la cultives, si tu vois en elle seule tout ce qui est à toi, jamais tu ne seras empêché ni entravé ; jamais tu ne pleureras ; jamais tu n'accuseras ni ne flatteras personne. »

6. « Les destins conduisent ceux qui les acceptent et traînent ceux qui les refusent »

Sénèque, *Lettres à Lucilius*, CVII, trad. Joseph Baillard et divers collaborateurs, in *Œuvres de Sénèque, le philosophe*, Garnier frères, t. II, 1860, p. 131-134.

Où est cette prudence qui vous distinguait, cette sagacité qui appréciait si bien les événements ; où est votre grandeur de courage ? Une bagatelle vous désole ? Vos esclaves ont profité de vos nombreuses occupations pour s'échapper. Prenez que c'étaient de faux amis (et en vérité laissons-leur ce nom d'amis que leur donne Épicure) ; consentez à voir vos foyers purgés de leur présence ; passez-vous de gens qui absorbaient tous vos soins et vous rendaient souvent de mauvaise humeur.

Rien en cela d'étrange, rien d'inattendu. S'en émouvoir est aussi ridicule que de se plaindre d'être mouillé ou crotté en pleine rue. On doit compter dans la vie, sur les mêmes accidents qu'aux bains publics, dans une foule, sur une grande route : il y en aura de prémédités, il y en aura de fortuits. Ce n'est pas une affaire de plaisir que la vie. Engagé dans une longue carrière, il faut que l'homme trébuche, chancelle, tombe, qu'il s'épuise enfin, et s'écrie : « Ô mort ! », c'est-à-dire qu'il mente. Ici vous laisserez en chemin l'un de vos compagnons, là vous enterrerez l'autre, un troisième menacera vos jours. Voilà au milieu de quels encombres il faut parcourir cette route hérissée d'écueils. – Un ami vouloir ma mort ! – Préparez votre âme à tout cela. Vous êtes venu, sachez-le bien, là où éclate la foudre ; vous êtes venu sur des bords

> Où les Chagrins et les Remords vengeurs ont fixé leur demeure, où habitent les pâles Maladies et la triste Vieillesse.

Voilà la société dans laquelle il faut passer sa vie. Éviter tant d'ennemis est impossible ; mais on peut les braver, et on les brave, quand on y a songé souvent et tout prévu d'avance. On affronte plus hardiment le péril contre lequel on s'est longtemps préparé ; les plus dures atteintes, dès qu'on s'y attend, s'amortissent, comme les plus légères effrayent, si elles sont imprévues. Tâchons que rien ne soit inopiné pour nous ; et comme tout mal dans sa nouveauté pèse davantage, nous devrons à une méditation continuelle de n'être neufs pour aucun.

Mes esclaves m'ont abandonné ! – D'autres ont pillé leur maître, l'ont calomnié, massacré, trahi, foulé aux pieds, empoisonné, attaqué devant la justice, poursuivi criminellement. Tout ce que vous diriez de plus affreux est arrivé mille fois. Mais en outre, quelle multitude et quelle variété de traits nous menacent ! Les uns déjà nous ont percés ; on brandit les autres : en ce moment même ils arrivent ; beaucoup qui vont frapper autrui nous effleurent. Ne soyons surpris d'aucune des épreuves pour lesquelles nous sommes nés : nul n'a droit de s'en plaindre, elles sont communes à tous. Je dis à tous, car celui même qui y échappe pouvait les subir ; or, la loi juste est celle non point qui a son effet sur tous, mais qui est faite pour tous. Imposons à notre âme la résignation, et payons de bonne grâce les tributs de notre mortalité. L'hiver amène les frimas, endurons son âpreté ; l'été revient avec ses chaleurs, supportons-en le poids ; une température malsaine dérange notre santé, sachons être malades. Nous essuierons l'attaque d'une bête sauvage, ou de l'homme plus féroce que les bêtes sauvages ; l'onde ravira telle portion de nos biens ; la flamme, telle autre. C'est la constitution même des choses : la changer n'est point donné à l'homme ; mais il lui est donné de s'élever à cette hauteur d'âme, si digne de la vertu, qui souffre avec courage les coups du hasard, et qui veut ce que veut la nature. Or, la nature, vous le voyez, gouverne ce monde par le changement. Aux nuages succède la sérénité ; les mers se soulèvent après le calme ; les vents soufflent alternativement ; le jour remplace la nuit ; une partie du ciel s'élève sur nos têtes, quand l'autre plonge sous nos pieds : c'est par les contraires que tout subsiste et se perpétue. C'est sur cette loi qu'il faut nous régler : suivons-la, obéissons-lui : quoi qu'il arrive, pensons que cela devait arriver, et renonçons à quereller la nature.

Le mieux est de souffrir, quand le remède est impossible, et d'entrer sans murmure dans les intentions du divin auteur de tout événement. Celui-là est mauvais soldat, qui suit son général à contre-cœur. Recevons donc avec dévouement et avec joie les ordres qu'il nous intime ; ne troublons point, lâches déserteurs, la marche de cette belle création où tout ce que nous souffrons est partie nécessaire. Disons à Jupiter qui tient le gouvernail et qui dirige le grand tout, ce que lui dit le stoïcien

Cléanthe en vers éloquents que l'exemple de l'éloquent Cicéron me permet de traduire. S'ils vous plaisent, vous m'en saurez gré ; sinon, songez à Cicéron, dont je n'ai fait que suivre l'exemple.

> Guide-moi, mon père, ô toi qui régis le ciel élevé ; j'obéis sans délai : je suis prêt. Si tes ordres contrarient mes désirs, je te suivrai en gémissant ; méchant, je dois au moins souffrir ce que l'homme de bien a pu souffrir. Les destins conduisent celui qui se soumet à leurs arrêts ; ils entraînent celui qui résiste.

Que tels soient et notre vie et notre langage ! que le destin nous trouve prêts et déterminés ! Une âme grande s'abandonne à Dieu : au contraire, les esprits faibles et pusillanimes veulent lutter, ils calomnient l'ordre de l'univers, et prétendent réformer la Providence plutôt qu'eux-mêmes.

7. Hipparchia et Cratès font l'amour au grand jour

Diogène Laërce, *Vie, doctrines et sentences des philosophes illustres*, VI, trad. Robert Genaille, GF-Flammarion, t. II, 1933, p. 44.

Les discours de ces philosophes convertirent encore la sœur de Métroclès, Hipparchia. Comme lui, elle était de Maronée. Elle s'éprit si passionnément de la doctrine et du genre de vie de Cratès qu'aucun prétendant, fût-il riche, noble ou bien fait, ne put la détourner de lui. Elle alla jusqu'à menacer ses parents de se tuer si elle n'avait pas son Cratès. Cratès fut invité par eux à la détourner de son projet : il fit tout ce qu'il put pour cela, mais finalement, n'arrivant pas à la persuader, il se leva, se dépouilla devant elle de ses vêtements, et lui dit : « Voilà votre mari, voilà ce qu'il possède, décidez-vous, car vous ne serez pas ma femme si vous ne partagez mon genre de vie. » La jeune fille le choisit, prit le même vêtement que lui, le suivit partout, fit l'amour avec lui au grand jour, et alla avec lui aux repas. Un jour où elle vint à un repas chez Lysimaque, elle confondit Théodore, surnommé l'Impie, par le raisonnement suivant : « Ce que Théodore ferait sans y voir une injustice, Hipparchia peut aussi le faire sans injustice. Or Théodore peut se frapper sans dommage, donc Hipparchia, en frappant Théodore, ne lui fait aucun dommage. » L'autre ne répondit rien, mais lui souleva son vêtement. Mais Hipparchia n'en fut ni frappée, ni effrayée, bien que femme. Et comme il lui disait : « Qui donc a laissé sa navette sur le métier ? » elle lui répondit : « C'est moi, Théodore, mais ce faisant, crois-tu donc que j'ai mal fait, si j'ai employé à l'étude tout le temps que, de par mon sexe, il me fallait perdre au rouet ? »

On raconte encore bien d'autres bons mots de cette femme philosophe.

8. Ne pas craindre la mort

Marc Aurèle, *Pensées pour moi-même*, IV, XLVII-L, *op. cit.*, p. 68-70.

Si l'un des Dieux te disait : « Tu mourras demain ou, en tout cas, après-demain », tu n'attacherais plus une grande importance à ce que ce soit dans deux jours plutôt que demain, à moins d'être le dernier des rustres, car qu'est-ce que ce délai ? De même, ne crois pas que mourir dans beaucoup d'années plutôt que demain soit de grande importance.

Considère sans cesse combien de médecins sont morts, après avoir tant de fois froncé les sourcils sur les malades ; combien d'astrologues, après avoir prédit, comme un grand événement, la mort d'autres hommes ; combien de philosophes, après s'être obstinés à discourir indéfiniment sur la mort et l'immortalité ; combien de chefs, après avoir fait périr tant de gens ; combien de tyrans, après avoir usé avec une cruelle arrogance, comme s'ils eussent été immortels, de leur pouvoir de vie et de mort ; combien de villes, pour ainsi dire, sont mortes tout entières : Hélice, Pompéi, Herculanum, et d'autres innombrables ! Ajoutes-y aussi tous ceux que tu as vus toi-même mourir l'un après l'autre. Celui-ci rendit les derniers devoirs à cet autre, puis fut lui-même exposé par un autre, qui le fut à son tour, et tout cela en peu de temps ! En un mot, toujours considérer les choses humaines comme éphémères et sans valeur : hier, un peu de glaire ; demain, momie ou cendre. En conséquence, passer cet infime moment de la durée conformément à la nature, finir avec sérénité, comme une olive qui, parvenue à maturité, tomberait en bénissant la terre qui l'a portée, et en rendant grâces à l'arbre qui l'a produite.

Ressembler au promontoire contre lequel incessamment se brisent les flots. Lui, reste debout et, autour de lui, viennent s'assoupir les gonflements de l'onde.

« Malheureux que je suis, parce que telle chose m'est arrivée ! » Mais non, au contraire : « Bienheureux que je suis, puisque telle chose m'étant arrivée, je persiste à être exempt de chagrin, sans être brisé par le présent, ni effrayé par ce qui doit venir. » Chose pareille, en effet, aurait pu survenir à n'importe qui ; mais n'importe qui n'aurait point su persister de ce fait à être exempt de chagrin. Pourquoi donc cet accident serait-il un malheur, plutôt que cet autre bonheur ? Appelles-tu, somme toute, revers pour un homme, ce qui n'est pas un revers pour la nature de l'homme ? Et cela te paraît-il être un revers pour la nature de l'homme, ce qui n'est pas contraire à l'intention de sa nature ? Eh quoi ! cette intention, tu la connais. Cet accident t'empêche-t-il d'être juste, magnanime, sage, circonspect, pondéré, véridique, réservé, libre, etc., toutes vertus dont la réunion fait que la nature de l'homme recueille les biens qui lui sont propres ? Souviens-toi d'ailleurs, en tout événement qui te porte au chagrin, d'user de ce principe : ceci n'est pas un revers, mais c'est un bonheur que de noblement le supporter.

Secours vulgaire, mais tout de même efficace, pour atteindre au mépris de la mort, que de se rappeler ceux qui ont voulu s'attacher opiniâtrement à la vie. Qu'ont-ils de plus que ceux qui sont morts avant l'heure ? De toute façon, ils gisent enfin quelque part, Cadicianus, Fabius, Julianus, Lépidus, et tous leurs pareils, qui, après avoir conduit bien des gens au tombeau, ont fini par y être conduits. En somme, l'intervalle est petit, et à travers quelles épreuves, avec quels compagnons et dans quel corps faut-il le passer ! Ne t'en fais donc pas un souci. Regarde derrière toi l'infinité de la durée ; et, devant toi, un autre infini. Dans cette immensité, en quoi diffèrent celui qui a vécu trois jours et celui qui a duré trois fois l'âge du Gérénien [1] ?

9. Accepter le destin

Épictète, *Entretiens*, II, V, *op. cit.*, p. 123-124.

[…] Ne dis jamais des choses extérieures qu'elles sont bonnes ou mauvaises, utiles ou nuisibles, ni quoi que ce soit en ce genre.

1. Ce Gérénien, qui vécut trois âges d'homme, est Nestor. Voir Homère, *Iliade*, I, 262.

Quoi donc ! devons-nous y mettre de la négligence ? Non pas, car d'autre part la négligence est un mal pour notre faculté de juger et de vouloir ; et par conséquent elle est contraire à la nature ; mais il faut tout à la fois y mettre du soin, parce que notre conduite n'est pas indifférente, et garder notre calme avec notre paisible assiette, parce que l'objet dont nous nous occupons est indifférent. Dans tout ce qui m'importe, on ne peut ni m'entraver ni me contraindre ; partout où l'on peut m'entraver et me contraindre, il n'y a rien dont l'obtention dépende de moi, rien qui soit un bien ou un mal ; ma conduite seule dans ce cas est un bien ou un mal ; mais aussi elle dépend de moi. Il est difficile de réunir et d'associer ces deux choses, les soins de l'homme qui s'intéresse aux objets, et le calme de celui qui n'en fait aucun cas ; pourtant cela n'est pas impossible ; autrement, il ne serait pas possible d'être heureux. Ainsi agissons-nous dans un voyage sur mer. Qu'est-ce que nous y pouvons ? Choisir le pilote, les matelots, le jour, le moment. Une tempête survient après cela. Que m'importe ! J'ai fait tout ce qu'on pouvait me demander. Ce qui reste est l'affaire d'un autre, l'affaire du pilote. Mais le navire sombre ! Que puis-je y faire ? Je me borne à faire ce que je puis : je me noie sans trembler, sans crier, sans accuser Dieu, parce que je sais que tout ce qui est né doit périr. Je ne suis pas l'éternité ; je suis un homme, une partie du grand tout, comme l'heure est une partie du jour ; il faut que je vienne, comme vient l'heure, et que je passe comme elle passe. Que m'importe alors de quelle façon je passerai ! Que ce soit par l'eau ou par la fièvre ! Il faut bien en effet que ce soit par quelque chose de ce genre.

10. La philosophie stoïcienne contre l'espérance

Épictète, *Entretiens*, I, XV, *ibid.*, p. 53-54.

Quelqu'un le consultait sur les moyens de persuader à son frère de ne plus vivre mal avec lui. La philosophie ne s'engage pas, lui dit-il, à procurer à l'homme quoi que ce soit d'extérieur ; autrement, elle s'occuperait de choses étrangères à ce qui est sa matière particulière. Le bois est la matière du charpentier ; l'airain est la matière du fondeur de statue ; l'art de vivre, à son tour, a pour matière dans chaque homme la vie de cet homme même. Que dire donc de la vie de ton frère ? Qu'elle relève de son savoir-faire à lui ; mais que, par rapport au tien, elle est au nombre des choses extérieures, ainsi que l'est un champ, ainsi que l'est la santé, ainsi que l'est la gloire. Or, sur toutes ces choses la philosophie ne s'engage à rien. « Dans toutes les circonstances, dit-elle, je maintiendrai *la partie maîtresse* en conformité avec la nature. » – Mais *la partie maîtresse* de qui ? – De l'être dans lequel je suis. – Comment donc faire pour que mon frère ne soit plus irrité contre moi ? – Amène-le-moi, et je lui parlerai ; mais je n'ai rien à te dire, à toi, au sujet de sa colère.

Celui qui le consultait ajouta : « Je te demande encore comment je pourrai me conformer à la nature, au cas où mon frère ne se réconcilierait pas avec moi. » Il lui répondit : « Aucune chose considérable ne se produit en un instant, pas plus que le raisin et les figues. Si tu me disais maintenant : *je veux une figue*, je te dirais : *il faut du temps ; laisse l'arbre fleurir, puis les fruits y venir et mûrir.* » Et, lorsque le fruit du figuier n'arrive pas à sa perfection d'un seul coup et en un instant, tu voudrais cueillir si facilement et si vite les fruits de la sagesse humaine ! Je te dirai : *ne l'espère pas.*

11. Ne s'attacher ni aux êtres ni aux choses

Épictète, *Manuel*, III-IV, *op. cit.*, p. 65-66.

Pour chacune des choses qui réjouissent l'âme, ou qui rendent service, ou que tu aimes, rappelle-toi : dire de quelle sorte elle est, en commençant par les infimes ; si tu aimes un vase d'argile, dire : « J'aime un vase d'argile. » Vient-il en effet à se briser, tu n'en seras pas troublé ; si tu embrasses ton enfant ou ta femme, te dire que tu embrasses un être humain ; vient-il en effet à mourir, tu n'en seras pas troublé.

Quand tu dois t'adonner à une œuvre quelle qu'elle soit, ressouviens-toi de quelle sorte est cette œuvre. Si tu sors prendre un bain, représente-toi ce qui arrive au bain, les baigneurs s'éclaboussant, se heurtant, s'injuriant, les voleurs. Et ainsi tu t'adonneras plus sûrement à cette œuvre, si tu dis immédiatement : « Je veux me baigner, et garder ma volonté dans une disposition accordée à la nature. » Et de même pour chaque œuvre. Ainsi en effet, s'il arrive quelque chose qui t'empêche de te baigner, tu auras la réponse à portée de main : « Mais ce que je voulais, ce n'était pas seulement cela, mais aussi garder ma volonté dans une disposition accordée à la nature ; or je ne la garderai pas dans cette disposition, si je m'emporte contre les événements. »

12. Stoïciens contre épicuriens

Épictète, *Entretiens*, II, XX, *op. cit.*, p. 192-197.

[...] Épicure, quand il veut nous retirer notre mutuel instinct de sociabilité, cède à cet instinct même qu'il nous retire. Que dit-il en effet ? « Hommes, ne vous laissez point tromper, ne vous laissez pas détourner de la vérité, ne vous égarez pas : il n'existe pas chez les êtres raisonnables un mutuel instinct de sociabilité ; croyez-moi bien. Ceux qui vous disent le contraire vous trompent et vous abusent. » Eh ! que t'importe ! laisse les autres se tromper. T'en trouveras-tu plus mal, quand nous croirons tous que la société est naturelle entre nous, et qu'il faut la maintenir à tout prix ? Au contraire, tu t'en trouveras bien mieux et bien plus en sûreté. Homme, pourquoi t'inquiéter de nous ? Pourquoi veiller à cause de nous ? Pourquoi allumer ta lampe ? Pourquoi te lever si matin ? Pourquoi écrire de si gros livres, afin qu'aucun de nous ne se trompe en pensant que les dieux s'occupent des hommes, ou ne croie qu'il y a d'autre bien réel que le plaisir ? Car, si les choses sont comme tu le dis, va-t'en dormir, mène la vie d'un ver, celle que tu te crois fait pour vivre, mange, bois, fais l'amour, va à la selle et ronfle. Que t'importe ce que les autres croiront sur les points dont tu parles ? Que t'importe qu'ils se trompent ou non ? Qu'as-tu à faire de nous ? Occupe-toi des brebis, parce qu'elles se laissent tondre, traire, et enfin égorger. Ne serait-il pas à désirer pour toi que les hommes pussent être séduits et ensorcelés par les stoïciens au point de s'endormir, et de se laisser tondre et traire par toi et par tes semblables ? Qu'as-tu besoin de dire à tes disciples ce que tu leur dis, au lieu de le leur cacher ? Ne devrais-tu pas bien plutôt leur persuader avant tout que nous sommes nés pour la société, et qu'il est bon d'être modéré, pour qu'on te gardât tout ? Ou bien serait-ce qu'il y a des gens avec lesquels il faut maintenir la société, et d'autres avec lesquels il ne le faut pas ? Quels sont donc ceux avec lesquels il faut la maintenir ? Ceux qui tendent à la maintenir de leur côté ou ceux qui lui font violence ? Et qu'est-ce qui lui fait plus violence que vous, avec de pareilles doctrines ?

Qu'était-ce donc qui arrachait Épicure au sommeil et le forçait à écrire ce qu'il écrivait ? Qu'était-ce, si ce n'est ce qu'il y a de plus fort dans l'homme, la nature, qui le tirait du côté où elle voulait, malgré sa résistance et ses soupirs ? « L'homme ne te paraît pas fait pour la société ! Eh bien ! écris-le, et transmets-le aux autres ; veille à cet effet, et donne toi-même par tes actes un démenti à tes théories !... » Et, après cela, nous dirons qu'Oreste était poursuivi par des Furies qui l'arrachaient à son sommeil, et nous ne dirons pas que des Furies et des divinités vengeresses, autrement terribles, réveillaient Épicure, quand il dormait, ne lui permettaient pas de reposer et le forçaient à révéler lui-même ses misères, comme la colère et l'ivresse font pour les Gaulois ! Voilà la force invincible de la nature humaine. Est-ce que la vigne peut croître selon les lois, non de la vigne, mais de l'olivier ? Et l'olivier, suivant les lois, non de l'olivier, mais de la vigne ? Cela ne peut ni se faire ni se concevoir. De même l'homme non plus ne peut jamais cesser de vivre de la vie de l'homme ; ceux mêmes auxquels on enlève leur virilité, on ne peut leur enlever les désirs virils. De cette façon, Épicure a pu nous enlever tout ce qui est viril en nous, tout ce qui est du maître de maison, du citoyen et de l'ami, mais il ne nous a pas enlevé les penchants de l'humanité, parce qu'il ne le pouvait pas ; pas plus que les malheureux académiciens ne peuvent se débarrasser de leurs sens ou les rendre impuissants, quoiqu'ils en aient la meilleure envie du monde.

Quelle misère ! Voici un homme qui a reçu de la nature des mesures et des règles pour juger de la vérité, et il ne travaille pas à les compléter et à les enrichir de ce qui leur manque ! Bien loin de là, s'il y a quelque autre chose encore qui puisse aider à découvrir la vérité, il s'efforce de le supprimer et de le détruire ! « Dis-nous, philosophe, que te semble-t-il de la piété et de la sainteté ? – Si tu le veux, je t'établirai qu'elles sont un bien.

– Oui ; établis-le-moi, pour que nos concitoyens se réforment, honorent la divinité et cessent de négliger leurs intérêts les plus sérieux. – Tiens-tu bien ces preuves ? – Je les tiens ; et je t'en remercie. – Eh bien ! puisque ce système te plaît tant, écoute les preuves du contraire, les preuves qu'il n'y a pas de dieux, ou que, s'il y en a, ils ne s'occupent pas des hommes, et qu'il n'y a rien de commun entre eux et nous ; les preuves que ce que le vulgaire appelle piété et sainteté ne sont que des mensonges de charlatans et de faux sages, ou, par Jupiter ! de législateurs, pour effrayer et contenir les méchants. – Bravo, philosophe ! tu as rendu service à nos concitoyens, et tu as fait la conquête de nos jeunes gens, enclins déjà à mépriser les dieux ! – Quoi donc ! cela ne te plaît pas ! Écoute alors comment la justice n'est rien, comment la retenue est une sottise, comment le nom de père n'est rien, comment le nom de fils n'est rien. – Bravo, philosophe ! continue, et persuade nos jeunes gens, pour que nous ayons un plus grand nombre d'individus qui pensent et parlent comme toi ! Est-ce avec ces beaux discours-là qu'ont grandi les États qui ont eu de bonnes lois ? Sont-ce ces beaux discours-là qui ont fait Lacédémone ? Les convictions que Lycurgue a inculquées aux Spartiates, par ses lois et par son éducation, sont-elles celles-ci, que la servitude n'est pas plus une honte qu'un honneur, et la liberté pas plus un honneur qu'une honte ? Est-ce pour ces maximes que moururent ceux qui sont morts aux Thermopyles ? Est-ce avec des raisonnements de ce genre que les Athéniens abandonnèrent leur ville ? » Et ceux qui parlent ainsi se marient, ont des enfants, prennent part au gouvernement et s'établissent prêtres et prophètes ! De qui ? De ceux qui n'existent pas ? Et ils interrogent eux-mêmes la Pythie, pour entendre d'elle des mensonges, qu'ils rapportent aux autres en guise d'oracles ! Quel excès d'impudence et de charlatanisme !

Homme, que fais-tu ? Tu te réfutes toi-même tous les jours ? Ne te décideras-tu pas à laisser là ces insipides raisonnements ? Quand tu manges, où portes-tu la main ? À ta bouche ou à tes yeux ? Quand tu te baignes, où entres-tu ? As-tu jamais appelé la marmite une écuelle ou la cuiller une broche ? Si j'étais l'esclave d'un de ces individus, dût-il me faire tous les jours fouetter jusqu'au sang, je le mettrais au supplice. « Enfant, dirait-il, verse de l'huile dans le bain. » J'y verserais de la saumure, et je m'en irais en la lui répandant sur la tête. « Qu'est-ce que cela ? – Par ton Génie ! il y avait là pour moi une apparence impossible à distinguer d'avec celle de l'huile, tant elle lui ressemblait. – Donne ici la tisane. » Je lui apporterais un plat plein de saumure vinaigrée. « Ne t'ai-je pas demandé la tisane ? – Oui, maître ; et c'est là la tisane. – Quoi ! ce n'est pas là de la saumure vinaigrée ? – Qu'est-ce, si ce n'est de la tisane ? – Prends-la, et sens ; prends-la, et goûte. – Qu'en peux-tu donc savoir, puisque nos sens nous trompent ? » Si j'avais trois ou quatre compagnons d'esclavage qui me ressemblassent, je le forcerais à se pendre et à crever ou bien à changer de système. Mais aujourd'hui ils se moquent de nous : ils usent dans la pratique de tous les dons de la nature, et ils les suppriment dans leurs théories.

Ô les hommes reconnaissants et pleins de conscience, qui, à tout le moins, mangent chaque jour du pain, et qui osent dire : « Nous ne savons s'il y a une Cérès, une Proserpine, un Pluton ! » Je ne veux pas ajouter : « Ils jouissent du jour et de la nuit, du changement des saisons, des astres, de la mer, de la terre, de l'assistance des hommes ; et rien de tout cela ne les touche le moins du monde ! Ils ne songent qu'à expectorer leurs petites questions, et à s'en aller au bain, quand leur estomac a fait son office ! » Quant à ce qu'ils diront, au sujet qu'ils traiteront, aux personnes à qui ils parleront, et à ce qui résultera pour elles de pareils discours, ils ne s'en occupent si peu que ce soit. Peu leur importe que ces discours produisent de l'effet sur un jeune homme de noble race, qui les entend, et que cet effet détruise en lui tous les nobles germes de sa race ! Peu leur importe de donner à un adultère des motifs de ne pas rougir de ce qu'il fait ! Peu leur importe qu'un voleur des deniers publics puise des excuses dans ces discours, et que quelqu'un qui néglige ses parents y trouve un encouragement ! « Eh ! qu'y a-t-il donc, leur dirai-je, de bon ou de mauvais, d'honorable ou de honteux, suivant vous ? Est-ce ceci ou cela ? »

Pourquoi donc disputer jamais contre un de ces hommes-là ? Pourquoi lui donner des explications ou en recevoir de lui ? Pourquoi essayer de le convertir ? Par Jupiter, vous pourriez bien plutôt essayer de convertir un débauché, que des gens qui sont si sourds et si aveugles à l'endroit de leurs maux.

13. « La mort n'est rien pour nous »

Épicure, *Lettre à Ménécée*, trad. Pierre-Marie Morel, GF-Flammarion, 2009, p. 45-46.

Accoutume-toi à considérer que la mort n'est rien pour nous, puisque tout bien et tout mal sont contenus dans la sensation ; or la mort est privation de sensation. Par suite, la sûre connaissance que la mort n'est rien pour nous fait que le caractère mortel de la vie est source de jouissance, non pas en ajoutant à la vie un temps illimité, mais au contraire en la débarrassant du regret de ne pas être immortel. En effet, il n'y a rien de terrifiant dans le fait de vivre pour qui a réellement saisi qu'il n'y a rien de terrifiant dans le fait de ne pas vivre. Aussi parle-t-il pour ne rien dire, celui qui dit craindre la mort, non pour la douleur qu'il éprouvera en sa présence, mais pour la douleur qu'il éprouve parce qu'elle doit arriver un jour ; car ce dont la présence ne nous gêne pas ne suscite qu'une douleur sans fondement quand on s'y attend. Ainsi, le plus effroyable des maux, la mort, n'est rien pour nous, étant donné, précisément, que quand nous sommes, la mort n'est pas présente ; et que, quand la mort est présente, alors nous ne sommes pas. Elle n'est donc ni pour les vivants ni pour ceux qui sont morts, étant donné, précisément, qu'elle n'est rien pour les premiers et que les seconds ne sont plus.

Mais la plupart des hommes, tantôt fuient la mort comme si elle était le plus grand des maux, tantôt la choisissent comme une manière de se délivrer des maux de la vie. Le sage, pour sa part, ne rejette pas la vie et il ne craint pas non plus de ne pas vivre, car vivre ne l'accable pas et il ne juge pas non plus que ne pas vivre soit un mal.

14. L'enfer n'est qu'une allégorie

Lucrèce, *De la nature*, III, 978-1010, trad. José Kany-Turpin, GF-Flammarion, 1997, p. 235-237.

Tous les supplices qu'en l'abîme infernal
place la tradition, en notre vie résident.
Point de malheureux, un roc en suspens sur sa tête,
Tantale dit la légende, glacé d'un vain effroi.
Ce sont plutôt les peurs des mortels en leur vie :
vaine crainte des dieux et du sort qui les guette.
[…]
Sisyphe existe aussi dans la vie, sous nos yeux :

à demander au peuple faisceaux, haches cruelles,
il s'acharne et toujours s'en revient morne et vaincu.
Oui, demander un vain pouvoir qui n'est jamais donné
et supporter pour lui dure et constante fatigue,
c'est pousser à grand-peine en haut d'une montagne
un rocher qui pourtant du sommet toujours roule
et regagne aussitôt l'étendue de la plaine.
Et puis toujours repaître une âme ingrate de nature,
la remplir de bonnes choses sans jamais la satisfaire,
à l'instar des saisons dont le retour nous apporte
fruits et charmes divers sans que jamais pourtant
nous soyons comblés par les jouissances de la vie,
voilà, je crois, la fable des jeunes filles en fleur
occupées à verser de l'eau dans un vase percé
qu'aucun effort pourtant ne saurait remplir.

15. L'œuvre d'Épicure

Lucrèce, *De la nature*, III, 1-13, *ibid.*, p. 181.

Toi qui fis jaillir la lumière du fond des ténèbres,
éclairant le premier les biens de l'existence,
toi l'honneur de la Grèce, aujourd'hui je te suis
et j'imprime mes pas dans les traces des tiens.
Non que je désire rivaliser avec toi,
c'est par amour plutôt que je veux t'imiter.
Comment l'hirondelle pourrait défier les cygnes,
et que vaudrait jamais contre un fougueux cheval
la course d'un cabri sur ses pattes tremblantes ?
Ô père, ô découvreur de l'univers, tu nous prodigues
tes préceptes paternels et dans tes livres, ô prince,
pareils à des abeilles dans les vallons en fleurs,
nous butinons tes paroles d'or, toutes d'or,
et toujours les plus dignes de la vie éternelle.

BIBLIOGRAPHIE

Il existe pour l'épicurisme et le stoïcisme des livres d'introduction réellement admirables. J'en recommanderai chaleureusement quatre :

Pierre Hadot, *La Citadelle intérieure. Introduction aux Pensées de Marc-Aurèle* [1992], Fayard, 1997.

Pierre Hadot, introduction au *Manuel d'Épictète*, Le Livre de Poche, 2000.

Marcel Conche, *Lucrèce et l'expérience*, Paris, Seghers, « Philosophes de tous les temps », 1967.

André Comte-Sponville, *Le Miel et l'Absinthe. Poésie et philosophie chez Lucrèce*, Paris, Hermann, 2008.

TABLE

QUELQUES CLÉS POUR COMPRENDRE : LES TROIS ÂGES DE L'ÉCOLE STOÏCIENNE 7
Le stoïcisme ancien 7
Le moyen stoïcisme 8
Le stoïcisme impérial 8

LES TROIS GRANDS AXES DE LA PHILOSOPHIE GRECQUE 11
I. Les principes de la *théôria* stoïcienne 12
II. De la *théôria* à l'éthique : la connaissance, fondement de la philosophie morale 17
Une philosophie pratique nourrie par des exercices . 26
III. La victoire sur la mort : de l'éthique à la sagesse et au salut 30

LES EXERCICES DE SAGESSE DES STOÏCIENS 37
L'apprentissage de la vie 37
Comment la victoire du christianisme sur la pensée grecque a transformé la philosophie en pure « scolastique »... Comment notre baccalauréat est un héritage de cette transformation funeste ! 38
Premier exercice de sagesse : vivre au présent 40
Deuxième exercice : repousser l'espérance 42
Troisième exercice : ne s'attacher ni aux choses ni aux êtres 43

LA PENSÉE STOÏCIENNE PAR-DELÀ LES CRITIQUES.... 47
Pour une critique du stoïcisme : l'argument du bourreau 47

Du stoïcisme comme aboutissement d'une certaine tradition philosophique grecque : celle des cosmologies ou des « sagesses cosmiques »........ 49

L'ÉPICURISME : UNE CONTRE-PHILOSOPHIE ANTI-STOÏCIENNE........ 51
Épicure et Lucrèce........ 51
L'atomisme contre l'harmonie du cosmos........ 52
Les principes de la morale épicurienne........ 53
La première critique de la société de consommation et de divertissement........ 56
Lucrèce, épicurien pessimiste ?........ 60

Éléments biographiques : stoïciens et épicuriens........ 63

EXTRAITS........ 71
1. L'ordonnancement parfait de l'univers........ 71
2. Le déterminisme........ 72
3. Les « superstitions » des stoïciens........ 73
4. Les choses qui dépendent de nous et celles qui n'en dépendent pas........ 74
5. Les idées et les jugements seuls dépendent de nous........ 76
6. « Les destins conduisent ceux qui les acceptent et traînent ceux qui les refusent »........ 77
7. Hipparchia et Cratès font l'amour au grand jour 80
8. Ne pas craindre la mort........ 81
9. Accepter le destin........ 83
10. La philosophie stoïcienne contre l'espérance........ 85
11. Ne s'attacher ni aux êtres ni aux choses........ 86
12. Stoïciens contre épicuriens........ 86
13. « La mort n'est rien pour nous »........ 91
14. L'enfer n'est qu'une allégorie........ 92
15. L'œuvre d'Épicure........ 93

Bibliographie........ 94

Achevé d'imprimer en octobre 2012
sur les presses de Grafica Veneta, Italie.

N° édition : L.01EHBN000461.N001